JN097838

幸福で充実した
人生を送るための学び

理科で
つくる
ウェル
ビーイング

塚田昭一
舘　英樹
辻　　健
〔編著〕

日本初等理科教育研究会
〔著〕

東洋館出版社

はじめに

　近年、ウェルビーイング（well-being）の研究が注目されています。ウェルビーイングとは、経済協力開発機構（OECD）が 2015 年に実施した PISA 調査（Programme for International Student Assessment, PISA 2015）において、「生徒が幸福で充実した人生を送るために必要な、心理的、認知的、社会的、身体的な働き（functioning）と潜在能力（capabilities）である」と定義されています。

　これまでの教育ではあまり注目されてこなかった「健やかさ」や「幸福度」といったものが、国際調査の視点として示されたことで、教育界でも注目されるようになりました。とりわけ「『令和の日本型学校教育』の構築を目指して〜全ての子供たちの可能性を引き出す、個別最適な学びと、協働的な学びの実現〜（答申）」（令和 3 年 1 月 26 日）の中で、ウェルビーイングの用語が用いられ、答申全体を貫く基本的視座となっていること。また、以下の資料のとおり、「教育再生実行会議第十二次提言」（令和 3 年 6 月 3 日）において、ポストコロナ期における新たな学びの在り方を考えていくに当たって、一人一人の多様な幸せと社会全体の幸せでもあるウェルビーイングの実現を目指し、学習

教育再生実行会議　第十二次提言概要
「ポストコロナ期における新たな学びの在り方について」

ニューノーマルにおける教育の姿	○一人一人の多様な幸せと社会全体の幸せ（ウェルビーイング）の実現を目指し、学習者主体の教育に転換 ○デジタル化を進め、データ駆動型の教育に転換。学びのデータ（学習面、生活・健康面、教師の指導面）の活用 【意義】①子供：学びの機会や質の充実　②教師：指導方法の充実や働き方改革　③行政：現状把握に基づく政策立案

1．ニューノーマルにおける初等中等教育の姿と実現のための方策	2．ニューノーマルにおける高等教育の姿、国際戦略と実現のための方策
（1）ニューノーマルにおける新たな学びに向けて〜データ駆動型の教育への転換〜 **①一人一台端末の本格運用に係る環境整備** ○安全・安心に端末を取り扱うための手引の策定・周知 ○個人情報保護制度の見直しを踏まえた学校教育上の取扱いの明示 **②データ駆動型の教育への転換による学びの変革の推進** ○学習状況のデータを管理するマネジメントシステムの活用促進 ○同時双方向やオンデマンドによる授業モデルの展開 **③学びの継続・保障のための方策** ○学校でも家庭でも継続して学習できるオンライン学習システムの全国展開 ○不測の事態でも、学校と児童生徒の関係を維持し、学びを保障する取組の推進 ○小学校との連続性を意識した幼児教育推進体制の充実・強化 **④学びの多様化等** ○高校生が大学の講義を学ぶ「先取り履修」の推進 ○大学への飛び入学者への高校卒業資格付与〈従来、大学中退の場合、中卒扱い〉 **（2）新たな学びに対応した指導体制等の整備** **①少人数によるきめ細かな指導体制・施設設備の整備** ○小学校35人学級の効果検証結果を踏まえ、中学校を含め望ましい指導体制の検討 ○新たな学校施設の在り方（令和の学校施設スタンダード）の明確化 **②教師の質の向上、多様な人材の活用等** ○教員免許制度、教員養成大学・教職課程等の総合的な見直し ○教員免許更新制の改革、特別免許状の見直し等多様な人材確保策	**（1）ニューノーマルにおける高等教育の姿** **①遠隔・オンライン教育の推進** ○ハイブリッド型教育の推進、MOOCや大学間連携などリソースの共有・有効活用 ○単位数上限算定の考え方の明確化、質保証システムの在り方の見直し **②教学の改善等を通じた質の保証（「出口における質保証」）** ○教学マネジメント指針に基づく妥当度の高い組織的な大学教育の展開 **③学びの複線化・多様化** ○高校時代に取得した大学の単位数に応じ、修業年限を柔軟化 ○産学連携による職業教育機能の強化、リカレント教育の充実 **④デジタル化への対応** ○学修証明書の普及、学修管理システムによる学修データを活用した教育改善 さらに、**⑤学生等への支援の充実、⑥大学等の施設・設備の整備の推進** **（2）グローバルな視点での新たな高等教育の国際戦略** **①グローバル化に対応した教育環境の実現、学生のグローバル対応力の育成** ○国際連携教育課程（JD）の一層の普及促進 ○デジタル時代の海外留学促進、「トビタテ！留学JAPAN」の後継事業の実施 **②優秀な外国人留学生の戦略的な獲得** ※技術流出防止等に十分に配慮 ○国際バカロレア（IB）などの成績を用いた特別入試の実施 ○頭脳循環の観点となる大学での優秀な留学生の獲得に資する制度の検討 **③学事暦・修業年限の多様化・柔軟化と社会との接続の在り方** ○大学等の国際化や学びの多様化に対応した秋季入学・4 学期制や早期卒業 ・修了の推進、秋採用や新卒等 6 月以降の通年採用の推進・情報発信

者主体の教育への転換が示されたこと。これらのことから、ウェルビーイングがますます脚光を浴びるようになりました。

　このような中、初等理科教育研究会編集部部長の舘英樹先生から、「近年叫ばれているウェルビーイングの理念と、新しい学習指導要領の理念とはどのような関係があるのか」といった問題提起がなされ、具体的には以下の3点が編集部会において提案されました。

❶ そもそもウェルビーイングの必要性とは？

❷ 教師は、将来のウェルビーイングを見通して、理科授業をすべきではないか？

❸ ウェルビーイングの視点（幸福度）を取り入れることで理科授業はどのように充実するのか？

　これらの提案をもとに、本研究会では全国の研究同人と共に理論と実践の合一を図るべく研究を重ねてきました。具体的には毎月1回、編集部会を開催する中で、年間6本、本研究会が発行する会報誌に論説や主題研究といった形でまとめてきました。ウェルビーイングの実現に向けた学びが問われる今、本研究会が蓄積してきた実証的な研究実践をもとに、理科だからこそできるウェルビーイングの学びを提案する一冊を世に問いたいとの願いから本書が誕生しました。
　このような願いに基づいて、本書は次のように構成されています。

第❶章 ウェルビーイングって何？
【ウェルビーイングの考え方】

第❷章 よりよい学び手が未来をつくる
【ウェルビーイングを意識した授業デザイン】

第❸章 ウェルビーイングを取り入れた
理科授業【理科授業の実践】

第1章では、ウェルビーイングの定義をさらに理科に特化して分かりやすく解説し、理科で味わう学びの幸福度とは何かを、個人と集団の両面から明らかにし、持続可能な未来に向けた理科の学びについて提言します。

　第2章では、ウェルビーイングを意識した授業デザインを、OECD「ラーニング・コンパス2030」の中で示されている「エージェンシー（agency）」の視点から解説します。エージェンシーの詳細については第2章で触れますが、先述した答申や教育再生実行会議第十二次提言の「自ら主体的に考え、責任ある行動をとることができる」に概ね合致し、学習指導要領では資質・能力の3つの柱の1つ、「学びに向かう力、人間性等」に近いと考えられます。エージェンシーの資質・能力を育むことは、ウェルビーイングの方向へと指針を合わせることになります。その指針となる授業デザインについて明らかにします。

　第3章では、第2章を踏まえ、具体的な単元レベルでの理科授業の在り方について解説します。特に、ウェルビーイングの視点を取り入れた学びにより変容した子供の姿は、今後の授業実践を行っていく上で大いに参考に供するものと思われます。

　最後に本書の目的を改めて記します。それは、これまで問題解決を大切にしてきた理科授業にウェルビーイングの視点を取り入れることで、どのような子供たちのよさや可能性を伸ばすことができるのかを子供の姿から明らかにすることです。このことは何も理科に限ったことではありません。どの教科においても目標（3つの柱）が設定されていて、教師はその目標をバランスよく達成する中で子供たちのよさや可能性を伸ばすことを第一に考えているはずです。

　しかしながら、教師の目標が単に知識を覚えるだけの学力向上にウェイトがかかりすぎてはいないでしょうか。子どもは学力中心の教科の目標を達成するために生きているわけではありません。今も、この先の人生においても、幸福で心豊かに生きることが第一であって、教科の学びがその点に貢献しなければ意味がないのではないでしょうか。理科の学びにおいても、そのようなもっと大きな枠組みで授業を見直してみることで、授業づくりの新たな視点を獲得することができるでしょう。

　教師の目標をこれまでの学力向上に加え、子供のウェルビーイングの実現へと見方を広げる必要があるのではないでしょうか。これらのことを、理科を窓口にして明らかにすることが本書の目的です。

このようなウェルビーイングの視点を取り入れた新たな学びを実現するには、教師の意識、スキルを大幅に見直すことが極めて重要です。これからの教師の役割は、子供と日常的に対話を重ねる中で、個別の特性や状況、興味・関心を的確に把握し、その子供のエージェンシーを最大限引き出すための個別最適な学びをデザインしていくことに重点が置かれるべきでしょう。

　そのためには、これまで日本の教師が学級経営を基盤として伝統的に行ってきた、人とのつながりや思いやり、利他性、社会貢献意識などを重視する協調的な幸福感の実現を目指す教育の充実が必要です。このような日本ならではの協調的幸福、日本型ウェルビーイングの視点を取り入れた理科授業はきっと子供たちを「わくわく」させることでしょう。そして教師自身もウェルビーイングを感じることでしょう。

　本書をお読みいただき、子供たちの「幸せ」が全国に広がることを願ってやみません。

　2023 年 3 月

日本初等理科教育研究会理事長
十文字学園女子大学教授　　　　　塚田昭一

第3章 ウェルビーイングを取り入れた理科授業　83

第**1**章

ウェルビーイング
って何？

❶ 今、なぜウェルビーイングなのか？

(1) 子供が感じる「幸せ」

　ウェルビーイング（well-being）とは何でしょうか。日本語では、「心身の良好な状態」や「健やかさ」、「幸福度」という言葉で翻訳されています。ところで、学校教育において子供が「幸せ」と感じる場面はどのようなときでしょうか。例えば「跳び箱を一生懸命練習して跳べたとき」「掃除を頑張って先生に褒められたとき」「友達に認められたとき」など、子供によって「幸せ」を感じる場面に違いはあるにせよ、まさに「心身の良好な状態」を自覚したときでしょう。

　これらの子供が感じる「幸せ」のために、教師は努力を惜しみません。子供の「幸せ」の実現を図ることは、教師の使命と言ってもよいでしょう。このことは図１が示す、社会に開かれた教育課程の実現が目指す「学校の使命」とも考えられます。何ごとも辛抱強くやり抜くことができる子供は、達成感や成就感を味わい、「幸せ」を感じるでしょう。思いやりの気持ちをもち、困っている友達にそっと手を差し伸べることができる子供には、社会性が育まれ、良好な人間関係から自己有能感や自己肯定感を味わい、「幸せ」を感じるでしょう。これらの子供の姿は、ウェルビーイングの考え方に合致し

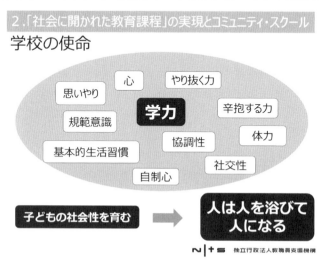

図１　https://www.nits.go.jp/materials/intramural/files/024_001.pdf
　　　文部科学省初等中等教育局参事官　木村　直人氏　資料

8

たものです。教師はその使命を果たすため、子供一人一人のよさや可能性を伸ばし、ひいては子供たちの「幸せ」に結び付くように働きかけることが重要なのです。このことは、特別活動で新しく示された「キャリア教育」のねらいの一つである「自己実現」とも関連します。

　ところで今、なぜウェルビーイングが学校教育に求められるのでしょうか。

　それは、これからの時代、社会の変化がさらに加速し、人々の価値観も多様化する中で、自らが幸せに生き、なりたい自分（自己実現）を目指すためには、自らが主体的に判断し、行動（選択）する力が必要だからです。まさに学習指導要領で示された「主体的・対話的で深い学び」を通して「知・徳・体」のバランスの取れた「生きる力」の育成を目指す上で、改めてウェルビーイングの考え方を取り入れることはこれからの学校教育に必要不可欠なのです。

　これまでの学校教育は学力向上に偏り、答えが一つのものを求めすぎていました。とりわけ、授業において、子供たちが判断し、選択する機会が少ないと感じます。決められた学習内容ではあっても、どのように学ぶのか、どのように解決していくのか、学習方法の選択の機会があまりにも少なかったと言わざるを得ません。選択するという経験をせずに日々過ごしていては、自分の頭を使って考えることができなくなってしまう恐れがあります。与えられた問題の答えに向かって学習するだけの頭の使い方だけで、子供たちの「幸せ」に結び付くのか疑問です。

(2) 「個別最適な学び」と「協働的な学び」が実現する子供の「幸せ」

　「幸福とは何か」について考えたとき、2千年以上も前のアリストテレスが著した「ニコマコス倫理学」を思い浮かべます。人間だけがもっている理性を十全に発揮することで幸福が見いだされると論じています。理性とは、「分別」「物事を認識し、判断する力」と定義され、人が「幸せ」になるためには、判断・選択することが必要だということを未来の人類に諭しているのです。

　では、実際の授業の中で、判断・選択する力の育成をどのように捉えたらよいでしょうか。その鍵は、個別最適な学びとウェルビーイングとの関連について触れた「『令和の日本型学校教育』の構築を目指して～全ての子供たちの可能性を引き出す、個別最適な学びと、協働的な学びの実現～（答申）」（令和3年1月26日）のねらいにあります。小学校理科を例に説明しましょう。

　個別最適な学びと協働的な学びの実現には、「主体的・対話的で深い学び」

の授業改善の視点が重要です。「主体的・対話的で深い学び」の主人公は子供です。その意味からすると、学習者である子供自身が最適な学びを主体的に選択することが重要です。この最適な学びを主体的に選択できることが、ウェルビーイングの実現に一歩近付く授業となるのではないでしょうか。

　最適な学びの選択とは、例えば、どのように問題を解決するかといった「解決の方法」を子供自身が自己決定することが考えられます。この「解決の方法を発想する力」は、第5学年の理科で主に育成を目指す「問題解決の力」として学習指導要領に示されました。この「問題解決の力」は、個々の子供に応じて異なる方法を選択して学習を進める力、すなわち「個別最適な学び」の中の「指導の個別化」に関係する力の一つと考えられます。

　「問題解決の力」を育成するには、「理科の見方・考え方」を働かせることが欠かせません。なぜなら、子供が「理科の見方・考え方」を働かせることで、自然事象を捉える個々の「視点」や「考え方」が明らかになり、子供の興味・関心等に応じた主体的な問題解決の授業となるからです。このような子供の興味・関心等に応じた選択的な学びは、「個別最適な学び」の中の「学習の個性化」に当たります。また、「協働的な学び」の場面においても、個々の「理科の見方・考え方」を働かせることで、自己責任を伴って授業に参加し、他者と多様な意見を共有しつつ、最終的には事実を基に合意形成を図り、自分の考えをより妥当なものにする学習となり、問題を科学的に解決することにつながります。

　このことは、OECD Future of Education and Skills 2030 プロジェクト（以下、OECD Education 2030 プロジェクト）「ラーニング・コンパス 2030」の中で示されている「エージェンシー（agency）」が目指す「自ら主体的に目標を設定し、振り返りながら、責任ある行動がとれる力」の育成にもつながる学びです。

　このように小学校理科で新たに示された「問題解決の力」の育成を意識して授業を行うことで「個別最適な学び」と「協働的な学び」が実現され、自己判断・選択が保障される主体的な問題解決の学びを通して、子供の「幸せ」の実現が図れるのではないでしょうか。

(3) 自律的な判断・選択が保障される授業

　さらに理解を深めるために、小学校理科における判断・選択する授業づくりの具体例を、全国学力・学習状況調査から見てみましょう。
　図2に示した全国学力・学習状況調査の問題は、2本のペットボトルに入っ

た液体（水道水、海水）を区別する方法を考える場面を設定しています。ここでは、ペットボトルに入っている液体を粒子領域の理科の見方である「質的・実体的な見方」で事象を捉えることが大切です。問題では、「海水に溶けている塩は目に見えなくても存在しているはず」と「実体的な視点」から捉え、「比較」の「考え方」に目を向けたゆかりさんの実験方法と、「塩は水に溶けても重さはあるはず」とゆかりさん同様「実体的な視点」で捉え、「比較と条件制御」の「考え方」に目を向けたまもるさんの実験方法が示されています。2つの実験方法は、第5学年で主に育成を目指す「解決の方法を発想する」といった「問題解決の力」を活用した具体的な場面と言えます。この問題場面から、「自分の予想に基づいた実験方法が実現された学び」であることが分かります。

図2　平成30年度全国学力・学習状況調査
　　　小学校理科大問4（2）

このように、教師が子供一人一人の予想に応じた実験方法に取り組む機会を提供することは、「個別最適な学び」の「指導の個別化」を実現する要素の一つと考えられます。

現実的には、実験方法を発想できない子供もいるでしょう。このような子供に対して、ゆかりさんやまもるさんのように、クラスの子供が考えた実験方法を共有し、自分だったらどの実験方法で問題解決しようとするか、自律的に判断・選択しながら、友達の実験方法を参考に問題解決できるようにすることが大切です。

　この全国学力・学習状況調査の問題は、40人の子供がクラスにいたら40通りの実験方法をもとに、複線型の授業を行うことを推奨しているわけではありません。そして個々バラバラに実験していくことが「個別最適な学び」の「指導の個別化」につながることを示しているわけでもありません。この問題は、子供一人一人の発想を大切にしながら問題解決していくことの授業改善の視点を改めて示しているのです。また、この問題は「協働的な学び」の視点にもつ

ながります。複数の実験方法やそれぞれの結果について考察し、他者と関わりながら自分の考えを検討することによって、多面的な分析から合意形成の過程が得られ、他者理解にもつながります。ここに示したような学びを保障することが、ウェルビーイングの実現に必ずやつながるものと確信しています。それは子供自らが問いをもち、自分の考えた実験方法を他者や先生から認められ、それが実行できる自律的な学習が保障される場となるからです。

このような自律的な学習は、充実感や自己肯定感などの幸福感にとどまらず、それらの感情に触発されて新たに生まれる「先々の学習を楽しみにできるウェルビーイング」、すなわち「うまくいくかな、どうなるかな」などのワクワク感・ドキドキ感を伴って、主体的に、そして持続的に学習に取り組む「幸福感のある理科授業」と言えるのではないでしょうか。

このような授業は、すでに心ある多くの理科の実践者が行っていることです。自律的に判断・選択し、自己決定する子供の行為を、PISA調査の「幸福度」の視点から考察してみましょう。

PISA調査（PISA 2015）において示されたウェルビーイングの定義は「生徒が幸福で充実した人生を送るために必要な、心理的、認知的、社会的、身体的な働き（functioning）と潜在能力（capabilities）である」とされています。

先の全国学力・学習状況調査の問題のように子供が解決の方法を発想する学びは、「心理的」な面からは、自分の選択した実験ができることでモチベーションが高まり、「心理的」ウェルビーイングが向上します。「社会的」な面からは、「私の実験」といった個人が認められ、学級への帰属意識が高まり、「社会的」ウェルビーイングが向上します。「認知的」な面からは、問題を複数の視点から考察したり、他者と協力して問題を解決したりすることで高次の推論能力が育成され、「認知的」ウェルビーイングが向上します。「身体的」な面からは、実際に自分で考えながら操作し、実験することで「身体的」ウェルビーイングが向上します。

このように、ウェルビーイングの構成要素を意識し、子供が自律的に判断・選択する学びを保障することで、充実感や自己肯定感などの幸福感をもたらすことにつながると考えられます。

（4）自然から謙虚に学ぶ姿勢を育むウェルビーイング

子供の学びは、必ずしも充実感や自己肯定感を味わうものばかりではありま

せん。時には、挫折感や自己否定感を味わうこともあるでしょう。理科の授業で言えば、他者と意見が対立したり、観察や実験の結果が自分の思いどおりにならなかったりするといった場面です。

　このような場面を乗り越え、子供が幸福感を得るためには、上記のウェルビーイングの定義に示された構成要素に加え、理科授業において大切にしなければならないものがあると感じています。それは「畏敬の念」をもつことです。

　理科における「畏敬の念」とは、自然の事物・現象を「敬い」「畏れる」ことから、自然に対して謙虚に学ぶ姿勢をもつことと考えます。「畏敬の念」を子供がもつことにより、自分本位になりやすい人間の心が反省的な思考へと導かれ、謙虚な心をもつことの大切さに気付くことができます。このような「畏敬の念」をもち、自然から謙虚に学ぶ姿勢を育む上で、理科は最適な教科と言えるでしょう。「畏敬の念」をもった子供は、「共生」「協調」の視点からウェルビーイングを実感していくものと考えます。

　では、「畏敬の念」をもち、自然から謙虚に学ぶ理科授業とはどのような授業なのでしょうか。そしてどのようにウェルビーイングの実現へと結び付くのでしょうか。私の拙い実践ですが、その一端を紹介します。以下に紹介する実践は、NHK「わくわく授業」（平成15年）で放映された私と6年2組35名の子供たちと共につくった授業です。

　「新しいジャガイモのでんぷんはどこから来るのか？」このことを学級全体の問題として子供たちは追究していました。教科書にある「葉ででんぷんが作られること」の単線型授業ではなく、前掲した全国学力・学習状況調査の問題場面のように、事象から触発され、個々の子供の問いに正対した予想や仮説を設定し、それらに応じた複数の解決方法を保障した授業です。

　子供たちから提案された解決方法は、次の4通りです。

①種芋から新しい小芋にでんぷんが移動したと考えるので、種芋を切って小芋が成長するか調べたい。

②日なたの植物は元気だから、日光に当たった葉っぱででんぷんが作られると考えるので、ヨウ素液を使って、葉にでんぷんがあるか調べたい。

③根っこから土の養分を吸収して小芋ができると考えるので、バーミキュライトで育てても子芋が成長するか調べたい。

④葉だけでなく茎でもでんぷんが作られると考えるので、茎にアルミを巻く物

と巻かない物を比較して、茎のでんぷんの有無を調べたい。

　子供の発想は実に豊かです。特に種芋からの移動説を主張した子供たちの解決方法は、私の発想を超えていました。それは次のような方法でした。

　まず、種芋を切り、対象とする小芋1個を決めて重さを量ります。そして油性ペンで印を付けます。次に、根っこから土の中の養分を吸収することを制御するために、他の班のバーミキュライトを使用する方法を用いて栽培を続けます。最後に、印を付けた小芋の成長を確認し、結果の妥当性を得るといった解決方法を計画したのです。

　2週間後、印を付けた小芋が大きく成長し、重さも増えていました。予想に反した結果に対し驚きに満ちた子供の顔、「すげー成長している」という歓喜の声が理科室中に響き渡りました。納得のいかない子供たちは、茎や根をおろし金ですりつぶし、ヨウ素液で確かめたり、葉っぱグループに出向いたりして、結果を知ることになります。そのときの2人の対話が忘れられません。

　「結果は違って残念だったな」

　「いや、残念じゃないよ。種芋が関係ないということが分かったんだから」

　日本中にこの対話が放映されました。まさに、実験に失敗はなく、確証、反証は等価値であることを言い表した対話でした。

　この子供たちのように、自分たちで問題を見いだし、その問題解決のために実験計画を立て、実験結果から得られることを合意形成しながら新たな知を創る過程は、現代的科学観に基づくものです。この現代的科学観とは、平成10年度小学校学習指導要領解説理科編で示された「自然の特性は人間の創造の産物である」や「科学の理論や法則は科学者という人間と無関係に成立する、絶対的・普遍的なものであるという考え方から、科学の理論や法則は科学者という人間が創造したものであるという考え方に転換してきている」といった科学観を指します。

　授業の最後にこの2人の子供は、さらに不思議なことを発見したと皆の前で訴えました。「茎にはヨウ素でんぷん反応がないのに、なぜ葉っぱから小芋まででんぷんが移動できるのか。瞬間移動みたい」と交互に発言し、新たな疑問が湧き上がっていたのです。

　この実践から、実験結果が思いどおりにならなかった場合、「失敗」として終えるのではなく、自然が示す目の前の事物・現象を謙虚に受け止め、次にどうするか、自ら判断して考え、行動していることが伝わるかと思います。さら

に疑問をもち続けた子供は「人の体のつくりと働き」の単元を学習した際に、「ジャガイモと人がつながった」と、ノートに記録しています。

> 前にジャガイモのでんぷんができる場所を学習したとき、ずっと疑問だったことが、茎の中にでんぷんがないことでした。今日の授業で、ご飯が口の中で、だ液と混ざってでんぷんが糖に変わり血液の中を通っていくことを学んだとき、ジャガイモと人がつながった感じがしました。きっとジャガイモのでんぷんも糖にかわったかもしれないと思いました。このことを調べたいです。

この2人の子供は、最終的に保健室にあった「尿糖試験紙」を使ってジャガイモの茎にある糖の存在を発見したのです。随分前の出来事ですが、発見したときの子供の笑顔が忘れられません。ジャガイモも人も命あるものとしてつながった瞬間、人が自然の主となって愛護するわけではなく、「畏敬の念」をもって謙虚に自然の生命を感じ取り、自然と自分との心のつながりを見いだして共に生きようとするように、自然への接し方が変わったのではないかと、このノート記録から子供の心を想像しました。

まさに主体的に、そして持続的に学習に取り組む中で「幸福感のある理科授業」であったのではないかと、私はこの実践を捉えています。

この2人の子供は、自分たちだけでなく周りにいる仲間と共に追究した喜びを分かち合っていました。日本の理科授業で行うウェルビーイングとは、このような自他共に幸せを願う協調的な幸福感のある子供の学びを指しているのではないでしょうか。

文献

「OECD ラーニング・コンパス（学びの羅針盤）2030」
OECD Future of Education and Skills 2030 Conceptual learning framework Concept note：OECD Learning Compass 2030 の仮訳、2020 年 3 月

文部科学省初等中等教育局教育過程課教育課程企画室「OECD Education 2030 プロジェクトについて」

② 理科で味わう学びの幸福感

(1) ウェルビーイングを考えることの大切さ

　「理科を学ぶことは幸せを育む」

　「VUCA」（不安定、不確実、複雑、曖昧）が急速に進む世界に直面している中、学校教育の在り方、さらには理科教育の在り方を見直すうえで、このテーマはきわめて重要であると考えます。

　平成29年度告示の学習指導要領では、育成を目指す資質・能力が三つの柱で整理され、授業改善の視点として「主体的・対話的で深い学び」が示されました。教師にはそれらの意味を理解し、授業づくりを行い、子供たちの成長につなげていくことが求められてきました。一方で、新型コロナウイルス感染症の感染拡大やGIGAスクール構想による1人1台端末の整備など、学校における環境が大きく変化し、その変化に対応するだけで精一杯という現状も、また事実かと思います。

　さらに、本書のメインテーマであり、新しいキーワードであるウェルビーイングの登場です。読者の皆さんは、「また難しそうなキーワードが出てきた…」と戸惑いつつ、その意味を理解しようと苦労されているのではないでしょうか。

　このウェルビーイングは、自分自身の幸せだけではなく、家族や友人、地域、国家、世界について、どのようにすれば「良好な状態」になるのか、または「良好な状態」でいられるのかなどを考える機会を与えてくれます。教育に当てはめるならば、「教育はどうあるべきか」「理科教育の役割は何か」などといった根本的な問いを私たちに投げかけているわけで、教育に携わる者は皆、このテーマに真正面から向き合うべきだと思うのです。

　そこで、ここではウェルビーイングを視点として、理科教育について考えていきたいと思います。

(2)「VUCA」が急速に進む世界に直面する課題と理科教育との関連

　OECDの「Learning Framework 2030」では、「急速に変化する世界における新たな解決策の必要性」において、3つの課題をあげています。

1つ目の課題は、環境に関することです。気候の変化や天然資源の枯渇については、緊急に行動をとりつつ、適応していくことが求められると述べています。

　理科教育は、自然の事物・現象を対象としており、環境に関する内容も多く扱います。理科教育を通して、対象についての理解を深めることや、そのことが自分たちの身の回りで起きている気象現象などとどのように関連しているのかを考えることはとても重要であり、この課題の解決に向けて、理科が寄与する部分は大きいと考えます。

　2つ目の課題は、経済に関することです。科学に関する知識が我々の生活を豊かにする新しい機会や解決策を生み出している一方で、同時に、あらゆる分野において破壊的な変革の波を引き起こしていると述べています。また、バイオテクノロジーや人工知能についての科学や技術の分野における前例のないイノベーションは、人間はどのような存在であるかという根本的な問いを投げかけていると述べています。

　生活を豊かにするための解決策を考えるとき、人間はこの地球とどのように向き合っていくべきかという「観」が、何かを判断する際の指針の一つになるはずです。理科教育では、学習したことをもとに、自然とどのように向き合っていくべきかについて考える機会をもつことで、自然観を涵養することも大切であると考えると、この課題について理科が担うべき役割は大きいと考えます。

　3つ目の課題は、社会に関することです。移民や都市化、社会的・文化的多様化が国やコミュニティの在り方を変えていると述べています。

　理科教育では、問題を科学的に解決する過程において、多様な意見を尊重しながら、観察、実験などをもとに「客観性」のある考えを導きだすことを重視しています。社会の問題を解決する方法の一つとして、科学的という側面から検討することは重要であることから、ここでも理科教育が寄与できる部分は大きいと考えます。

(3) 世の中の問題解決と理科の問題解決

　ここでは、OECD の「Learning Framework 2030」が示す3つの課題を解決していくような世の中の問題解決と、理科の問題解決について考えてみたいと思います。

　前述したようにウェルビーイングに注目すると、自分自身の幸せだけではな

く、家族や友人、地域、国家、世界について、どのようにすれば「良好な状態」になるのか、または「良好な状態」でいられるのかなどを考えることになります。

　私たちは日常において、「これは問題だ」と思うことがたくさんあります。仕事量が多くて早く帰宅できない問題や地球環境問題など、因果関係が複雑に絡み合い、単純には解決できない問題も多いのですが、私たちはこのような様々な「問題」を抱えながら生活しています。「良好な状態」には個人の価値観が伴うため、目指している状態が全員同じになるとは限りませんが、このような「問題」を解決していくことが、個人や家族、地域、世界などの「良好な状態」の実現を目指すことになります。

　一方、理科は、問題解決の活動を通して、自然の事物・現象の性質や規則性などを知り、対象についての認識を深めていく学びです。

　この学びにおいて子供は、自然の事物・現象と出合い、解決したい問題を見いだし、問題解決の活動を通して、その問題を解決しようとします。

　例えば、第3学年では磁石の性質について学習しますが、子供は、この学習が始まる前から、「磁石は何かに付く」のように、磁石についての何らかの知識をもっています。そこで、教師がガラス窓に磁石を付けて手を離し、磁石が床に落ちてしまう現象を見ると、「あれ？　磁石は付かないの？」、「磁石はガラスには付かないよ」などと考え始めるでしょう。このようにして、「磁石はどのようなものに付くのか」という問題が共有され、その問題を追究することで、「磁石は鉄を引き付ける」という磁石の性質を理解するのです。

　このときの子供は、問題を解決できた喜び、友達と共に活動できた喜び、新しい知識を獲得できた喜びなどを感じるでしょう。このことは、理科におけるウェルビーイングだと考えます。

　さらに、問題解決の活動を通して獲得したことを、再度、自然の事物・現象や日常生活に当てはめてみることによって、理解を深めたり、新しい問題を見いだし、追究を深めたりする学びです。

　先の第3学年の磁石の学習ならば、磁石の性質について理解した子供は、日常生活の中で、磁石がたくさん活用されていることを知ることになります。「磁石って、便利なんだね」「磁石があることで、私たちはこんなに便利に生活できているんだね」といった感想のみならず、「磁石を使えば、もっとこんなこともできるよ」というように、自分たちの力で自分たちの生活をより豊かにし

ようとする考えも浮かんでくるでしょう。

　このように、子供が、理科で学習したことを自然の事物・現象や日常生活に当てはめてみようとすることは、自分自身の「良好な状態」の実現のみならず、世の中の「良好な状態」の実現について考えることにもなります。このことは、理科を学ぶことの意義や有用性を実感することにもつながるのです。

(4) 子供が感じた幸福感

　ここまでは「VUCA」が急速に進む世界に直面する課題と理科教育との関連について述べてきましたが、実際の理科の授業を通して子供が感じた幸福感について、振り返りの内容から探ってみたいと思います。OECD が述べていることと実際の理科の授業を通して子供が考えていることは、乖離しているのでしょうか。公立小学校 6 年生の藤井さんの振り返り（一部を抜粋、本文ママ）を紹介します。

　今考えてみると、私たちがやっていることはもう教科書に載っているということは多分みんな気づいていたのではないかと、ふと思います。でもなぜ私たちはずっともう分かりきっていることに挑み続けるのか。それは、私としては「意味のある学習をするため」「この世界の素晴らしさを知るため」であるのではないかと思います。

　私は実験で今までずっと出なかった数値が出た時、飛び上がって喜んだのを覚えています。これは絶対に「先に習って教科書通りに進めている～」という授業だけでは絶対に手に入れられないものです。学習は自分自身の成長を感じるためのものだと私は思っています。こうして自分たちで学びを深めるからこそ、今ある疑問や不思議だけでなく今までになかった可能性も実感できました。今では爪切りを見るたびに「あ、てこだ」といちいち思います。

　植物の時は「人間の目には見えないものの学習」でした。あの時も「自分の世界が広がった気がする！」と思いました。そして「生きてるってサイコー！！」とも思いました。火や植物や水溶液に続けて、てこの学習での喜び。てこは身の回りにあふれているのに今まで気づかなかったけれど、知ったとなるとそれに当てはめないわけにはいかなくなる思考。なんだか、算数とのつながりを知った後で、もっと理科の世界に溺れていっている気

がします！（嬉しい）私は、この地球に生まれてよかったと思っています。
この世界は気づかないことが多いかもしれないけれど疑問や発見、幸せに
あふれている。生きていることの価値がよりわかりました！

　この振り返りからは、理科の学びを通して幸福感を味わっている藤井さんの
姿が鮮明に浮かんできます。OECDで述べていることと乖離しているどころか、
急速に変化する世界における新たな解決策について、理科教育が大切にしなけ
ればならないことを、藤井さんは瑞々しい感性で述べていると思います。
　藤井さんは、「自分たちで学びを深めるからこそ、今ある疑問や不思議だけ
でなく今までになかった可能性も実感できました」「この世界は気づかないこ
とが多いかもしれないけれど疑問や発見、幸せにあふれている」と述べていま
す。私は、ここに理科教育とウェルビーイングとの関係性の凝縮を感じます。
　理科は、自然の事物・現象を対象とし、その性質や規則性などの理解を深め
ていく教科です。理解を深めるプロセスは、問題解決のプロセスであり、「科
学的」という側面から検討することを重視した問題解決です。この問題を科学
的に解決する中で、藤井さんは「この世界は疑問にあふれている」「この世界
は発見にあふれている」「この世界は幸せにあふれている」、そして「この世界
は可能性にあふれている」と考えるようになったのです。
　私は、理科で味わう学びの幸福感として、以下の4つを示したいと考えます
が、これらは藤井さんが考えていたこととかなり似ていると思います。
　幸福感①「問題解決を科学的に行うことのよさを感じる」
　幸福感②「まだまだ知らないことがあることを感じる」
　幸福感③「学んだことを使って生活を豊かにすることができることを感じる」
　幸福感④「自然の事物・現象の素晴らしさを感じる」

(5) 理科で味わう学びの幸福感

　前置きが長くなってしまいましたが、先に示した4つの理科で味わう幸福感
について、藤井さんの振り返りにも触れながら述べたいと思います。

幸福感①「問題解決を科学的に行うことのよさを感じる」

　理科の学びは、問題解決です。前述してきたように、真理を追究する問題解
決であり、「科学的」という側面から検討することを重視した問題解決です。

「科学的」とは、「実証性」「再現性」「客観性」などといった側面から検討することであり、この問題解決の過程では、互いの考えを尊重しつつも、最終的には、観察、実験などの結果をもとに結論を導きだします。この過程こそが理科の学びであり、自分たちで、より妥当な考えをつくりだしていくことを大切にした学びです。藤井さんの振り返りの中では、「私は実験で今までずっと出なかった数値が出た時、飛び上がって喜んだのを覚えています。これは絶対に『先に習って教科書通りに進めている〜』という授業だけでは絶対に手に入れられないものです」と述べられています。

　この実験ではこのような結果が得られるはずだと思って実験に臨んでも、自分が期待した結果が得られるとは限りません。藤井さんは、見通しどおりの結果を得ることができなくて、何度も実験を繰り返したのでしょう。自分で納得した事実を積み重ね、自分の考えの確からしさを証明できたとき、飛び上がるほどの喜びを感じたのです。

　予想や仮説の段階では、それぞれの考えは相互に尊重されるべきですが、観察、実験などの後は、この結果からどのように解釈すればよいのかが議論となるので、「みんな違ってみんなよい」というわけにはいきません。事実をもとにした解釈をみんなが納得して、問題の解決に至ります。

　世の中の「良好な状態」の実現に向けた問題解決においては、価値観の違いによってそれぞれが自分なりの「良好な状態」となることで問題が解決されるかもしれません。しかし、理科は、事実をもとに合意形成が図られるので、「客観性」が担保されます。このことは、「VUCA」が急速に進む世界において、意思決定をする際の重要な指針の一つになるに違いありません。

　事実をもとに、多くの人が承認し公認するような形で問題を解決することは、理科でこそ得られる幸福感だと考えます。

　なお、この過程において、他者の存在は欠かせないのですが、このテーマは次節に委ねたいと思います。

幸福感②「まだまだ知らないことがあることを感じる」

　理科の学びにおいて、観察、実験などの結果をもとにみんなが納得した形で問題を解決すると、それまでにもっていた知識が更新されます。この知識で、再び自然の事物・現象や日常生活を見てみると、今までは見えなかったものが見えるようになります。モンシロチョウが卵を産む植物は、キャベツなどのア

ブラナ科と決まっているということを知れば、下校途中にモンシロチョウを見つけただけで、「近くにキャベツがあるんだな」と連想します。たとえ視界に入っていなくても、キャベツ畑まで見えてしまうのです。このように、見えないものが見えてしまうことも、理科で得られる幸福感と言えるでしょう。

　また、問題を解決して知識を更新しても、また新しい問題が生まれます。「じゃあ、他のチョウも、卵を産む植物が決まっているの？」「じゃあ、アゲハはどんな植物に卵を産むの？」「モンシロチョウは、たくさんある植物の中で、どうやってキャベツを見分けるの？」と、どんどん知らないことが浮かんできます。知れば知るほど、チョウについて知らないことが自覚でき、チョウの生き方に不思議さや神秘さを感じるようになります。

　藤井さんは「この世界は気づかないことが多いかもしれないけれど疑問や発見、幸せにあふれている」と述べています。まだまだ知らない世界があることに気付くことは、もっと対象を知りたいというワクワク感にもつながります。これも理科でこそ得られる幸福感だと考えます。

幸福感③「学んだことを使って生活を豊かにすることができることを感じる」

　理科の学習内容は、2つの区分に整理されています。1つはA物質・エネルギーで、もう1つはB生命・地球です。A物質・エネルギーでは、磁石の性質（第3学年）、電流の働き（第4学年）、物の溶け方（第5学年）、てこの規則性（第6学年）などの内容を扱います。これらの内容は、子供たちの日常生活と関連していることが多く、学習したことを自分の生活に当てはめてみることが容易だと考えられます。

　藤井さんは、「今では爪切りを見るたびに『あ、てこだ』といちいち思います」「てこは身の回りにあふれているのに今まで気づかなかったけれど、知ったとなるとそれに当てはめないわけにはいかなくなる思考」と述べていますが、このように、学んだことをもとに、再度自分の生活を見つめ直すと、今まではまったく気付かなかったことに気付いてしまうのです。さらには、学んだことを使えば、自分たちの生活を、いや自分たちが住む地域、国、世界を「良好な状態」にすることができるかもしれないという可能性を感じることもできるのです。藤井さんは「こうして自分たちで学びを深めるからこそ、今ある疑問や不思議だけでなく今までになかった可能性も実感できました」と述べています。

　可能性への予感。これもまた、理科で得られる幸福感ではないでしょうか。

幸福感④「自然の事物・現象の素晴らしさを感じる」

　理科の学習内容のもう１つの区分であるＢ生命・地球では、身の回りの生物（第３学年）、季節と生物（第４学年）、植物の発芽、成長、結実（第５学年）、生物と環境（第６学年）などの内容を扱います。子供たちにとって、これらの内容は、Ａ物質・エネルギーの内容と比べると、自分の日常生活とのつながりが見えにくいかもしれません。例えば、身の回りの生物（第３学年）では、昆虫や植物の体のつくりを学習しますが、それが自分の生活を豊かにしているとは感じにくいかもしれません。

　しかし、Ｂ生命・地球の内容を学ぶことで、命の素晴らしさや自然界のつながり、生物の営みの不思議さや神秘さなどを感じることができます。このことは、この地球に住む人間が、自然をどのように捉えるのかという自然観を涵養することにつながります。そして、この自然観は、幸福感③で示したように、自分たちの生活や地域、国、世界を「良好な状態」にするために様々な工夫をする際、どのように工夫すればよいのかを判断する際の指針となっていくと考えます。

　藤井さんは、「私は、この地球に生まれてよかったと思っています」「生きていることの価値がよりわかりました！」と述べています。

　この地球を自分たちで「良好な状態」にするための指針を手に入れることができそうな予感。これもまた、理科で得られる幸福感だと考えます。

③ 理科で育む協働する力

(1) はじめに

　小学校学習指導要領解説総則編では、育成を目指す資質・能力のうち、学びに向かう力、人間性等の涵養については、「児童一人一人がよりよい社会や幸福な人生を切り拓いていくためには、主体的に学習に取り組む態度も含めた学びに向かう力や、自己の感情や行動を統制する力、よりよい生活や人間関係を自主的に形成する態度等が必要」で、「多様性を尊重する態度や互いのよさを生かして協働する力」も含まれるとして、ウェルビーイングに通じる記載がなされています。

　中央教育審議会「『令和の日本型学校教育』の構築を目指して（答申）」（令和3年1月26日）では、2020年代を通じて実現すべき子供の学びとして、「個別最適な学び」と「協働的な学び」を求めています。とりわけ、協働的な学びにおいては、探究的な学習や体験活動等を通じ、子供同士で、あるいは多様な他者と協働しながら、あらゆる他者を価値のある存在として尊重し、様々な社会的変化を乗り越え、持続可能な社会の創り手となることができるような学びの在り方を求めています。加えて、集団の中で個が埋没しないように、子供一人一人のよい点や可能性を生かすことで、異なる考え方が組み合わさり、よりよい学びを生み出していくことが重要であるとしています。

　グローバル化の進展や技術の進歩の加速によって、社会、経済、環境など様々な分野において前例のない変化に直面する未来を生き抜いていく子供たちは、不確実で予測が困難な状況であっても目的に向かって進んでいく力を身に付けなければなりません。学習指導要領解説総則編や中央教育審議会答申で示されている協働する力や協働的な学びは、子供の好奇心や想像性、強靭さ、自己調整といった力とともに、他者のアイディアや見方、価値観を尊重したり、その価値を認めたりする態度の育成につながるものです。本節では、理科における学びの中で、持続可能な未来を形成するために必要な「協働する力」とその育成の視点を考えます。

(2) PISA 調査結果から見る協働的な学びの現状

OECD では、PISA2015 年調査で、質問調査の結果をウェルビーイングの観点で整理・分析し、報告書「生徒の well-being（生徒の「健やかさ・幸福度」）」としてまとめています。

①子供の学級への所属感

協働的な学びを実現するには、学習者である子供の学級への所属感が前提となります。報告書によると、これに関する日本の結果は OECD 平均と比較して、統計的に有意に低い結果となっています。また、2003 年調査及び 2012 年調査との経年比較では、「学校ではよそ者だ（またはのけ者にされている）と感じる」と「学校ではすぐに友達ができる」の 2 つの項目において、2003 年調査の結果で最も高く、2012 年調査、2015 年調査の結果は徐々に低下する結果となっています。この結果から、協働的な学びを実現する子供の学びの条件として、子供の学級への所属感は十分とは言えないことが推察できます。

②理科の授業の雰囲気との関係

報告書では、規律の取れた公平な学習環境は、子供が教師やクラスメイトとの良好な関係を築くために必要な社会的スキルを構築する手助けになり得ると指摘しています。調査の結果、OECD 平均では、理科の授業の雰囲気のよい学校に通う子供の方が、よくない学校に通う子供よりも、学校への所属感が高いことが明らかになっていて、この傾向は日本においても同じことが言えます。他者との良好な関係の上で成立する学校や学級への所属感は、自己肯定感を基盤として、他者のアイディアや見方、価値観を尊重したり、その価値を認めたりしながら問題解決の活動に向かう重要な条件です。理科における指導だけではなく、日常の安定した学級経営を重視した日本の伝統的な教育の成果を今後も受け継いでいくことの重要性を示唆していると言えます。

③理科の授業における教師の支援との関係

調査では、理科の授業で先生が助けてくれると感じていることと生徒の学校への所属感との関係を分析した結果が示されていて、日本は対象国の中でも両者の関係が強い国の一つであることが明らかになっています。教師による子供への適切な関わりが、学校への所属感を生み、クラスメイトとの良好な関係の中で理科の授業が行われていることが伺えます。

一方で、この結果を、教師の関わりが協働的な学びにおいて他者に依存せず

「自立した学習者」を育成することにつながっているか、クラスメイトとの良好な関係が、個が埋没しない学習活動に寄与しているかといった視点で捉えることも必要です。子供が自ら困難を乗り越え、達成感や成就感を味わい、自己有能感や自己肯定感をもつことで「幸せ」を感じることも忘れてはなりません。個の特性や学習進度に応じ、指導方法・教材等の柔軟な提供・設定、いわゆる指導の個別化が図られた上での教師の支援や、子供同士の教える・教えられるといった関係性ではなく、科学的な手続きでは誰もが平等であるといった関係性の中で学びが展開されているかどうかを考えていくことが大切です。

(3) 理科ならではの協働する力

　子供の学級への所属感が希薄である現状を踏まえ、これからの理科の授業においては、安定した学級経営のもとで、「自立した学習者」の育成に向けた指導の個別化を図る教師の支援の重要性を述べてきました。理科は自然の事物・現象についての問題を科学的に解決する学びです。実証性、再現性、客観性などの側面から検討し、より妥当な考えをつくりだす営みです。とりわけ、人や時間や場所を変えて複数回行っても同一の実験条件下では同一の結果が得られるといった再現性、実証性や再現性という条件を満足することにより多くの人々によって承認され公認されるといった客観性の条件を満たすためには、他者の存在は不可欠です。子供は、問題解決の活動の中で、観察、実験等を通して自然の事物・現象の存在や変化を事実として捉える活動を中核とし、他者の考えに触れながら自分の考えに立ち返り、話し合いを通じてより妥当な考えを導きだします（図1）。

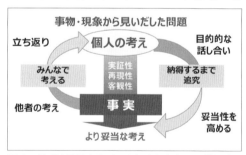

図1　他者と関わりながらより妥当な考えを導きだす過程

　このような活動が成立するためには、自分とは異なる予想や仮説を尊重することや、自分とは異なる観察や実験の方法とその結果に価値を感じることが求められます。図2は、理科における問題解決の活動において、異なる予想や方法を同時並行に扱い、対話を通じてより妥当な考えを導きだす複線型の展開例をモデルで示しています。このような展開では、自分の予想を確かめる活動の隣で他者が自分とは異なる予想

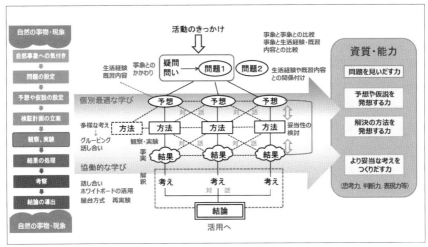

図2　理科の問題解決における複線型の展開モデル

を確かめるための活動が行われていたり、同じ予想であっても異なる方法で取り組んだりする活動が同時に行われていることが想定されます。このような状況では、自分と異なる他者の活動が自分の活動と等価値であるといった認識と、対話の必然性が生まれます。

　平成30年度全国学力・学習状況調査小学校理科大問3 (2) では、回路を流れる電流の流れ方について、4人の異なる予想を取り上げ、そのうちの1人の予想が確かめられた際の実験結果の見通しを問う内容になっています。ここでは、自分の考えと異なる他者の予想をもとに、実験結果の見通しをもつことができるかが問われています（図3）。正答率は47.9％で、誤答として最も多かったのは、選択肢4で30.0％でした。選択肢4を選んだ子供は、電流の向きや大きさはモーターの左右で変わらないという学習を通して獲得した知識をもとにして実験結果を見通していると考えられます。自分の考えと異なる他者の予想を把握し、その予想が確かめられた場合に得られる実験結果の見通しをもって実験を構想することに課題があると考えられます。

　これまで述べてきた他者と関わりながら問題解決を可能にする複線型の展開は、「ラーニング・コンパス2030」で示されている「共同エージェンシー」（親や教師、コミュニティ、生徒同士の相互作用的、相互に支援し合うような関係性であって、共通の目標に向かう生徒の成長を支えるもの）を育成する一つの在り方です。これは、文部科学省が、「学習指導要領の趣旨の実現に向けた個

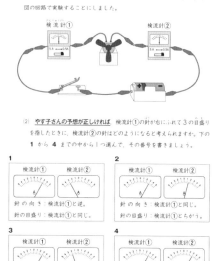

ひろしさんたちは，下の図の回路を流れる電気の流れ方について，予想したことを話し合いました。

プロペラのついたモーター

ひろしさん
かん電池の＋極からモーターを通って－極へ電気が流れていて，モーターを通る前とあとの電気の量は，同じだと思うよ。

やす子さん
かん電池の＋極からモーターを通って－極へ電気が流れていて，モーターからもどってくるときは，電気の量は，減っていると思うよ。

しんやさん
かん電池の＋極と－極からモーターに向かって電気が流れていて，それぞれの電気の量は，同じだと思うよ。

あやかさん
かん電池の＋極から電気が流れていて，モーターを通ったあとは，電気の量は，なくなっていると思うよ。

ひろしさんたちは，予想を確かめるために，2つの検流計を使って，下の図の回路で実験することにしました。

検流計①　　　　　　検流計②

(2) やす子さんの予想が正しければ，検流計①の針が右にふれて3の目盛りを指したときに，検流計②の針はどのようになると考えられますか。下の **1** から **4** までの中から1つ選んで，その番号を書きましょう。

1　検流計①　検流計②
針の向き：検流計①と逆。
針の目盛り：検流計①と同じ。

2　検流計①　検流計②
針の向き：検流計①と同じ。
針の目盛り：検流計①とちがう。

3　検流計①　検流計②
針の向き：検流計①と逆。
針の目盛り：検流計①とちがう。

4　検流計①　検流計②
針の向き：検流計①と同じ。
針の目盛り：検流計①と同じ。

図3　平成30年度全国学力・学習状況調査小学校理科3（2）

別最適な学びと協働的な学びの一体的な充実に関する参考資料」（令和3年3月版）の中で「学習の個性化」について説明している内容（「個々の児童生徒の興味・関心等に応じた異なる目標に向けて，学習を深め，広げることを意味し，その中で，児童生徒自身が自らどのような方向性で学習を進めていったら良いかを考えていくことなども含みます」）とも合致します。

(4) 協働する力を育成する学習環境

中央教育審議会「『令和の日本型学校教育』の構築を目指して（答申）」（令和3年1月26日）では，個別最適な学びとして，子供一人一人の特性や学習進度に応じ，指導方法・教材等の柔軟な提供・設定といった指導の個別化や，興味・関心等に応じた学習活動や学習課題に取り組む機会を提供するといた学習の個性化を求めています。また，GIGAスクール構想の前倒しによって1人1台端末が配備され，これまでの授業では難しかった1人の教師による子供の多様な学習内容や状況の把握が可能になりました。

読者の皆さんは，図4を見て，どのように感じるでしょうか。これは，6年「生物と環境」の授業で，食べ物による生物の関係を扱った場面の1コマです。

教科書を見ながら1人1台端末を操作
する子、ビーカーに入っている池の水を
観察する子、顕微鏡を操作する子など、
グループ内で様々な活動が見られます。
一見すると、バラバラな活動が展開され
ていて、教師の指導力が問われるといっ
た感想をもった方もいるかもしれませ
ん。筆者は、実際にこの授業を視察して
いましたが、横にいた校長先生から、教

図4

科書を見ながら1人1台端末を操作している子供が、特別支援学級に在席して
いることを教えていただきました。どのような困難さを抱えた子供かはわかり
ませんでしたが、周囲の子供と何ら遜色のない活動をしていました。その子供
は、「メダカは何を食べて生きているのだろうか」という本時の学習問題に対
して、教科書の記述からミジンコやミカヅキモを食べることを捉えた上で、イ
ンターネットで「植物プランクトンや動物プランクトン、昆虫を食べる」と書
いてあるのを見て、「プランクトンって？」とつぶやいていました。続けてプ
ランクトンについてインターネットで調べていると、植物プランクトンでも動
物プランクトンでもないミドリムシがいることを発見し、自分の学習問題を
「ネットには書いていないけど、メダカはミドリムシも食べるのだろうか」と
して、図5のような内容を自分の目標および計画として端末に入力していまし
た。その後、池の水の中からミドリムシを発見し、メダカが捕食するかどうか
を調べていました（図6）。しばらくすると、その子供が、同じグループの子
供と対話する様子が見られました。グループの1人の子供が顕微鏡を覗きなが
ら「教科書に載っていない生き物がいるんだけど、これ何かな？」と発言する
と、ミドリムシを観察していた子供が、「それ、緑色だった？動いていた？も

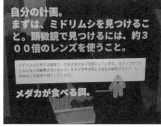

図5　　　　　　　　　　　図6　　　　　　　　　図7

しかしたら、ミドリムシかもよ」と顕微鏡の場所に移動してグループの子供たちと対話しながら確かめようとしていました（図7）。

　このような状況を理解すると、はじめに見ていただいた図4の学習の様子が違って見えるのではないでしょうか。視察していた横で、校長先生が「本校で目指す授業は、どの子も他の人に合わせる必要がない授業です」とおっしゃっていました。一人一人の子供の特性や進度に合わせた柔軟な学習展開であり、学習者が孤立することなく他者と関わりながら学びを進めるといった、まさに個別最適な学びと協働的な学びを一体的に充実させた授業と言えるものでした。

(5) 揃える教育から伸ばす教育へ

　これまで我々が求めてきた問題解決を基本とした授業では、学級で設定した学習問題について既に解決してしまっている子供や、別の視点で追究を試みようとする子供に応じた学習活動の機会を保障しきれていたと言えるでしょうか。個人のウェルビーイングを考えた際には、異なる生活経験や特異な才能をもった子供、発達障害の可能性のある子供や不登校傾向の子供など、教室の中にある多様性を重視した授業観に転換する必要があります。例えば、問題解決の初発の問題を見いだす場面においては、子供が自然の事物・現象との関わりから生じた気付きや疑問を集約して学級としての学習問題を設定するのでなく、子供一人一人が自らの気付きや疑問をもとに設定した個別の学習問題を認め、その学習問題の解決が保障される大くくりの学習問題を学級の問題として設定することが考えられます。図8で示す問題解決のイメージでは、学習のスタートにおいて、トピックとしての特定の人々や場所、状況、物などに関する一連の事実の枠組みを示し、その中での解決を目指すテーマとして個別の学習問題を設定しています。そして、それらを包含する大くくりの学習問題のもとで得られた事実は、転移しない個別の知識として獲得されます。個別の知識を束ねることで導きだした考えは、トピックから引き出された「思考の構築物」として普遍的、抽象的、転移可能な「概念」となります。このような大くくりの学習問題は、個別の知識の獲得をゴールとした命題にとどまらず、さらに概念化された知識の獲得に向かうものになります。また、追究のプロセスについても、例えば、1人1台端末を活用して必要な情報を収集してから新たな問題を設定したり、観察や実験を通して収集した情報の真偽を確かめたりするといった様々な解決方法を保障することになります。

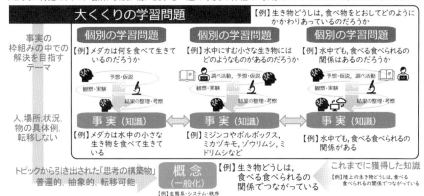

図8　個別の学習問題や特性、進度を大くくりの学習問題で保障する問題解決のイメージ

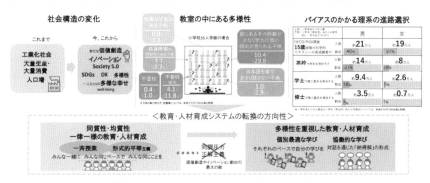

図9　内閣府 総合科学技術・イノベーション会議　教育・人材育成ワーキンググループ（第6回）資料

　これからの理科の授業は、個人のウェルビーイングと集団のウェルビーイングを希求した幅広い教育を展開していく必要があります。内閣府の総合科学技術・イノベーション会議における教育・人材育成ワーキンググループの議論では、これまでの同調圧力や正解主義の中では、価値の創造やイノベーションの創出が期待できないことを提言しています。包摂的で持続的な未来を創り上げていくことに貢献し、そこから恩恵を受けることができるような知識やスキル、態度を育成し、新たな価値を創造する理科の授業においては、子供一人一人が明確で目的のはっきりした目標を立てながら学ぶ「自立した学習者」であること、そして、異なる考え方をもった人々と「協働する力」を育成することが求められます。このような授業を実現するためには，教師による「揃える教育から伸ばす教育」への授業観の転換が必要であると言えます。

第 2 章

よりよい学び手が未来をつくる

(1) 点と点を「つなぐ力」
日常生活につながる理科授業

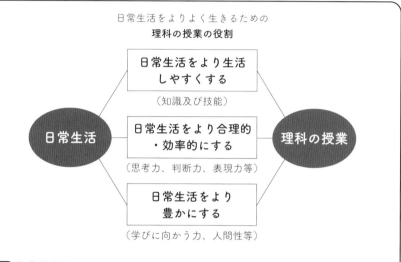

☑POINT

● 理科は「日常生活につながる」重要な教科であることを意識する

理科の授業には、三つの役割があります。

(1) 理科の授業は「授業で知識・技能を習得し、日常生活でも適用できるようにし、日常生活をより生活しやすくするため」にある

(2) 理科の授業は「問題を科学的に解決する方法を身に付け、日常生活でも最適な判断ができることで、日常生活をより合理的・効率的にするため」にある

(3) 理科の授業は「これまで見えなかったものを見えるようにし、日常生活をより豊かにするため」にある

● 「収束する授業」から「拡がる授業へ」

現在では、「収束する授業」が一般的。よりよく生きるための教科の在り方を考えれば、日常生活と関連させる「拡がる授業」も必要です。理科の授業の3つの役割を意識して「拡がる授業」を考えると、これまで以上に理科という教科が「よりよく生きるために有用な教科」として位置付けられます。

○理科は日常生活を「よりよく生きる」ための重要な教科

　よりよく生きる（well-being）ことと、子供たちの学校での学びとの関連を考えるためには、子供たちの学びが日常生活とどのように"意味ある"つながり方をしているのかという視点で見ることが大切です。理科の授業は単に「理科的な知識を学ぶ」だけではないはずです。本項では、理科の授業が日常生活にどのような役割を果たしているのか、また日常生活と理科の資質・能力の関わりから、日常生活で「よりよく生きる」ために理科の教科がどのように関係しているのかについて述べていきます。

（1）理科の授業は、知識や技能を習得し、日常生活でも適用できるようにすることで、「日常生活をより生活しやすくする」

　小学校の理科で学ぶ内容は、社会に出て日常生活を送る際には「知っていると役立つ」「知っているとより豊かに生活できる」といった基礎的な内容です。つまり、小学校で学ぶ理科の知識や技能は、日常生活をよりよくするものということが言えるでしょう。

　例えば、「植物を育てること」を考えてみましょう。生活科でも学習しますが、小学校の理科で学ぶ内容を知っていると、植物をより上手に育てることができます。また、植物を育てるということを理解していなければ、そもそも「植物を育てよう」という気持ちにすらならないでしょう。このように、小学校の理科は、「自然の「理」を、体験を通して知ること」であり、自然の「理」を知ることによって「日常でできることを増やすこと」に導いているのです。このことから、理科の授業は、知識や技能を習得、日常生活でも適用できるようにすることで、「日常生活をより生活しやすくする」と言えます。

（2）理科の授業は、問題を科学的に解決する方法を身に付け、日常生活でも最適な判断ができるようにすることで「日常生活をより合理的・効率的にする」

　懐中電灯を使いたいときに電球がつかなかったら、あなたはその後どのような行動をとりますか。小学校で学んだような条件制御（一つの条件だけを変えて、それ以外の条件を揃えて原因を調べる）の考え方を知っていれば、電池が切れたのか、豆電球が壊れているのか、それともそれ以外の原因なのか、ということを順番に調べることができます。これは、問題解決のための手続きが身に付いていると言えますし、誰もが納得できるように科学的（実証できるもので判断する、同じ結果が再現できるもので判断する、客観的に判断する）に効

率よく追究ができているとも言えます。小学校の理科では問題解決の方法自体を学んだり、科学的に追究する力を付けたりします。

　このように、小学校の理科は「解決の方法や科学的に見る方法の引き出しを増やしていくこと」であり、科学的に物事を見ることで「最適な判断ができる（判断の"質"を高めることができる）」ことに導いているのです。このことから、理科の授業は、問題を科学的に解決する方法を身に付け、日常生活でも最適な判断ができるようにすることで、「日常生活をより合理的・効率的にする」と言えるでしょう。

（3）理科の授業は、これまで見えなかったものを見えるようにすることで、「日常生活をより豊かにする」

　みなさんは身の回りのことに対して、どれだけ意識が向いているでしょうか。例えば、普段使っているお箸やお茶碗の模様はどのようなものか覚えているでしょうか。日頃目には入っているけれども、意識をしていないために全く思い出せないということがよくあります。子供たちにとっても同じで、これまで気にしていなかった通学路の樹木に対して、葉の形を学べば意識的に葉を見るようになります。このように、小学校の理科は、「自然事象を見る方法や働きかけ方を増やすこと」であり、理科の授業でこの見方を働かせることで「これまで見えなかったことが見える（物事を見る切り口を増やす）こと」に導いているのです。このことから、理科の授業は、これまで見えなかったものを見えるようにすることで、「日常生活をより豊かにする」と言えるでしょう。

○「収束する授業」から「拡がる授業」へ

（1）理科の資質・能力が日常生活とどのように関わっているのか

　資質・能力はご存じのように「知識及び技能」「思考力、判断力、表現力等」「学びに向かう力、人間性等」の3つの柱で定義されています。先述した理科授業の3つの役割から、資質・能力が日常生活とどのように関わっているのか考えてみましょう。1つ目の「日常生活のしやすさ」は、「知識及び技能」と関係があります。知識・技能を身に付けていることは、日常生活で適用できることが増えることであるため、日常生活との関係は分かりやすいと言えるでしょう。

　2つ目の「日常生活を合理的・効率的にすること」は、「思考力、判断力、表現力等」と関係があります。思考・判断・表現ができると、日常生活でも問

題解決の方法を見つけ、科学的な判断ができるため、合理的・効率的に過ごすことにつながります。

3つ目の「日常生活をより豊かにする」は、「学びに向かう力、人間性等」に関係があります。これは「見方」に関係していると言えますが、「これまで見えなかったものが見えるようになる」ことで意識できなかったことが意識できるわけですから、日常で物事に関心をもつ可能性が増えることにつながります。

（2）「収束する授業」から「拡がる授業」へ

最近の授業では、学校教育で教えなければいけないことがたくさんあるため、学習指導要領（または教科書）に示された最低限の学習内容が身に付けられたかということに意識が置かれることが多いです。最低限の学習内容と言っても資質・能力の3つの柱で考えると、子供たちに意識させなければならないことが多く、指導が難しいのです。例えば、ある単元を学ぶ際、解決の方法を学ぶことや、最後にある「まとめ」を学ぶことを重視します。このような授業は、寄り道する余裕もなく、導入から「まとめ」へ「収束する授業」であると言えます。

日常生活を「よりよく生きる」ための"日常生活につながる授業"とはどのような授業か考えてみましょう。一般的にはそれぞれの単元内容を学び、独立した「点」として内容を学びます。しかし、自然事象の基礎をバラバラに学んだところで日常生活にはなかなかつながりません。そのため、「単元と単元」「単元と日常生活」といった「点と点をつなぐ意識的な学び」が必要になるわけです。つまり、学んだことが日常生活とどのようにつながるのかを考える時間をつくるのです。例えば、問題解決単位、単元単位でのまとめの後に日常生活に関連する学びを取り入れます。

よりよく生きるための教科の在り方を考えれば、日常生活と関連させる「拡がる授業」も必要です。上述の理科の授業の3つの役割（日常生活をより生活しやすくする、日常生活をより合理的・効率的にする、日常生活をより豊かにする）を意識して、「拡がる授業」を考えると、これまで以上に理科という教科が"よりよく生きるために有用な教科"として位置付けられるわけです。

(2)「知識の適用」に焦点を当てた理科の指導

知識は「ことば」であり思考の道具
「ことば」を使って文をつくる（思考）

金属板を温めたときと同じように、ビーカーの水全体は熱したところから順に、じわじわ温まると思います

お味噌汁を温めると中の具が混ざるように、ビーカーの水全体はぐるぐる回って、側面から内部に向けて温まると思います

水は温められると膨張して軽くなり上に動くので、ビーカーの水全体は上から順に温まると思います

知識の価値の判断には基準が必要

科学的かどうかは、結果の予測が正確、他の考えと矛盾しない、多くの事象を説明できる、説明が簡単、他でも役に立つといった基準で判断できます

市民として社会に参加するには
科学リテラシー（科学の文の「読み書き能力」）が必要

⬇

科学や科学技術について自らの意思を決定し、
社会的に行動しながらウェルビーイングを実現する

✅POINT

●**知識は「ことば」とその意味であり、思考の道具**

既有の「ことば」を使って新しい文をつくることで、新しい知識を構成できます。理科授業では科学知識とその使い方の習得を目指しています。

●**新しい知識の価値判断や批判には基準が必要**

新しい知識が科学的であるかどうかの基準には、クーンが示した正確さ、無矛盾性、視野の広さ、単純性、豊穣性がうまく機能します。

●**市民として社会に参加するには「科学リテラシー」が必要**

ウェルビーイングを実現するためには、共通する社会問題について、適切に科学知識を使用しながら考え判断し、意思決定する能力が必要です。

○はじめに

OECD Education 2030 プロジェクトでは、子供たちが知識を獲得するだけでなく、獲得した知識を未知の状況や、他の領域において適用することの必要性が示されています。そもそも科学知識がその正当性を科学者共同体における合意に求めた（クーン、1971）ように、知識は領域ごとの専門家集団の合意によって正当化された領域固有なものです。ここでは科学や理科における科学知識の機能や役割について考察します。知識は特定の領域や場面で機能するようにつくられているので、「あらゆる場面で適用」することはできません。けれども「科学知識の適用」を切り口として理科の授業を眺めると、知識の生成過程や批判・判断といった知識の応用についての領域を越えた手続的共通性などをあげることはできます。そこで、科学知識や科学的思考、思考によって生成される新しい意味の判断の基準について論じることとします。

知識は「ことば」とその意味を指します。「ことば」の第1の機能は思考であり、コミュニケーションは付随的に生じた機能だと考えられます。つまり「ことば」は概念のラベルなのです。文には意味があります。既有の「ことば」を使って文を構成すると意味が生成されるので、文をつくることはすなわち思考することです。文に名前(概念ラベル)を付ければ、新しい知識ができます(ウィトゲンシュタイン、2014)。新しい知識はさらに新しい文の構成を可能にして、新しい意味を生成します。例えば、小学校第3学年「電気の通り道」では、「豆電球と乾電池が輪のようにつながってできる電気の通り道」を「回路」と名付けています。さらに、「回路の途中に挟んで電気が流れ、明かりがつくもの」を「金属」という用語で表しています。このように、既有の「ことば」を使って新しい知識をつくり、思考の新しい道具を増やすことができます。保持する語彙の数と意味の深さや多様性によって思考は豊かになります。

科学知識は特定のスキルと合体することで、様々に応用されます。科学的探究もモノづくりも思考の結果を特定の行為に応用したに過ぎません。教育現場では、ときに知識やその実態である「ことば」を軽視する風潮が見られますが、深い思考にはより多くの知識が必要なのです。

○科学知識と科学的思考

「ことば」の意味を決めているのは、用語が使われる文脈（状況や前後関係）

であり、科学の「ことば」は科学の文脈で使われます。科学の文脈は、その領域のパラダイムに依拠した、科学者と同じ思考過程です。科学的思考は、科学の文脈において科学の「ことば」を使って文をつくることですから、理科授業は科学知識とその使い方の習得を目指しています（遠西、2009）。

　科学知識には領域に依存して使い分けられる「ことば」もありますが、科学専用の「ことば」もあります。例えば、電流や電圧、回路などは後者の例でしょう。科学知識は科学概念と科学理論からなります。例えば、「水蒸気」は水が気体の状態にあることを示す科学概念です。概念は様子や有り様などを示しています。「蒸発」は科学理論であり、特定の状況下で水が液体から気体に変わることです。理論は特定の条件の下で出来事を予測します。自然がどのようになっているのかについて、このような科学知識を適切に使って説明する活動は、「科学的思考」を育成します。科学の「ことば」の意味を理解し、それを使って思考する力は、市民として社会に参加する基本と言えます。

○ 新しい知識の価値判断・批判

　思考によって構成された新しい文の価値を判断したり批判したりするには基準が必要です。森田（2008）はクーン（1998）が正確に実験結果を予測するか（正確さ）、知識内部や関連する知識と調和的か（無矛盾性）、幅広い適用範囲をもつか（視野の広さ）、単純で分かりやすいか（単純性）、新しい研究を実り豊かにするか（豊穣性）をあげていると述べています。これらのうち、どれか一つでも優位であればよいのです。

　下の囲みは、第4学年「ものの温まり方」の学習で、水の温まる順番についてサーモインクを用いた実験をした後に討論したときの授業記録の一部です。実験前の児童の考えは、仮説A「熱したところから順に広がるように温まる」、仮説B「ビーカーの側面から内部に向けて温まる」、仮説C「上から順に温まる」の3つで競合していました。

　教　師：どの仮説があっていると言えますか？
　児童1：Cだと思います。なぜなら、熱せられてピンク色になった水が上に動いて、どんどん上に溜まっていったから。
　教　師：温められてピンク色になった水は、上に溜まっていったね。
　児童2：だって、温められた水は（膨張して）周りの水より軽くなるから。それで軽くなって上に動くから、やっぱりCがいいと思います。

教　師：上にいった後、ぐるぐる回っていくというBの意見についてはどうですか？

児童3：上に動いた後に、（まだ熱せられていない冷たい水を押し退けて）下には落ちていなかった。

児童4：でも、ちょっと（温度の高い水がそのまま）落ちていっていた感じもした。

児童5：けど、軽くなっているはずなのに下に落ちていくのは違うと思う。

　このケースでは、児童1と3は5つの基準のうち「予測した結果と実際の結果の一致」を根拠に、児童2と5は「関連する知識との調和」を根拠に、仮説Cが適切であると説明することができました。実験前は仮説Bを支持していた児童4も、討論終了後には考えを転換しました。科学理論の正当性を判断するクーンの基準は、理論の競合の中でうまく機能します。このように、様々な意見や論述から、ある基準に沿って適切なものを判断する力も、社会に参加しながらウェルビーイングを実現する上で欠かせません。

○「知識」を使うとはどういうことか

　知識は「ことば」であり、思考の道具です。思考は意思決定に不可欠です。モノづくりなどは、思考の結果を実行に移すためのスキルを必要とします。すべての子供が科学者や科学技術者になるわけではありませんが、社会に参加する上で科学への理解は欠かせません。市民の一人としてそれらの意義を理解し、賛否の判断を下すのは民主主義における義務です。そのためには、科学の文の「読み書き能力」としての科学リテラシーが必要です。それは、科学や科学技術について自ら意思を決定し、社会的に行動しながらウェルビーイングを実現することに寄与します。理科教育は、このような科学リテラシーの獲得を目的とするのが適切です。

文献

トーマス・クーン（中山茂訳）（1971）『科学革命の構造』みすず書房

森田邦久 (2008)『科学とはなにか』晃洋書房

遠西昭寿（2009）「科学の『ことば』とその使い方の学びとしての理科授業」『理科の教育』第58巻、第6号、387-390

ウィトゲンシュタイン（丘沢静也訳）（2014）『論理哲学論考』光文社

Kuhn.T.（1998）"Objectivity, Value Judgment, and Theory Choice"

http://www.shamiller.net ＞ readings.d ＞ kuhn

(3) 他者や環境を尊重し、多様性を受け入れるための共通了解

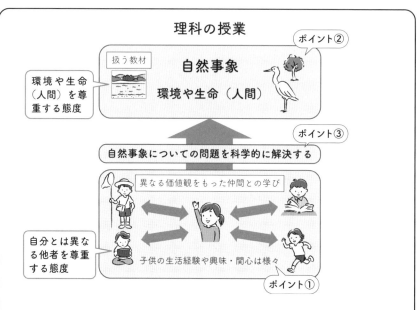

✅POINT

● 自他の違いを認める

　同じ自然事象と対峙しても、生活経験の違いから、子供によって生まれる考えは様々です。そのため、自分と他者に違いがあるとしたうえで、まずは相手の考えの根拠を問うことが大切です。

● 本物に触れる

　子供が自然と関わる機会は減っているように感じます。だからこそ、理科では本物と関わる活動を大切にし、本物に触れる中で生まれる子供の思いなどにも目を向けていきましょう。

● 実験結果（自然）や相手の考えを真摯に受け止める

　思うような実験結果が得られなかったり、多数派の意見で話し合いを進めたりする子供の姿を目にします。そんなときでも実験結果（自然）や相手の考えを真摯に受け止めようとする子供をしっかりと価値付けていきましょう。

○自分と他者の違いを認め、相手の考えを尊重する

　　OECD の「Learning Framework 2030」では、「人々の生活は、異なる文化的展望や個人的な特性に由来する価値や態度の多様性によって豊かなものとなる」と示され、自分とは異なる他者を尊重する態度が求められています。

　　このような態度は、理科の授業の中でも大切なものであると考えています。

　　図1は第4学年の子供たちが描いたタンポポのイメージです。タンポポは子供たちに馴染み深い野草ですが、いざ描いてみると子供によってイメージが少しずつ違っていました。この違いは、子供たちの生活経験の違いが要因ではな

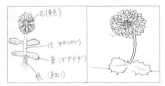

図1　タンポポのイメージ

いかと考えています。外で遊ぶ機会が多い子、部屋の中で過ごす機会が多い子など、子供の生活経験は様々です。そのため、同じ自然事象と対峙しても、生活経験の違いから、子供の中に少なからず考え方の違いが生じます。したがって、クラスメイトを「自分と同じ○年生」とひとくくりにするのではなく、「考えの異なる他者」であるということを教師も子供も念頭に置く必要があります。そして、理科の授業では、考えの異なる他者を理解するために、「相手の考えの意図を問う」ことを行っていきたいと考えます。

　　例えば、図2は、第6学年「植物の養分と水の通り道」において、子供たちが植物の中の水の通り道を予想したものです。一見すると4つとも、「植物の中には水が通る大きな管がある」という同じ考えに見えます。しかし、互いに考えの意図を問うと、Bさんは茎全体が一つの大

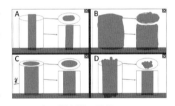

図2　水の通り道の予想

きな管だと考え、Dさんは細い管がいくつも集まっていると考えていたことが分かりました。同じ考えに見えても実は違いがあり、相手に考えの意図を問うたことで、自分では思い付かなかった考え方と出合うことができたのです。上記の場合以外にも、相手の考えが自分とは異なるのであれば、否定するのではなく、丁寧に考えの意図を問うことが大切です。このようにして、自分と他者には違いがあるということを認め、相手の考えを尊重していく態度が授業の中で求められます。

○本物に触れることを大切にする

OECD の「Learning Framework 2030」には、自分とは異なる他者（相手）を尊重する一方で、「決して妥協することが許されない人間的価値も存在する」と示されています。その価値について、「生命や人間の尊厳、環境の尊重」の２つが例としてあげられています。理科の授業においても、目の前の自然事象と対峙することで、環境や生命（人間）を尊重するといった態度を常に大切にしていきたいところです。しかし、現在の学校現場では新型コロナウイルス感染症対策に伴う活動制限や ICT の普及により、本物の自然事象と対峙するという機会が減少傾向にあると感じます。子供の安全に配慮したり、効果的に ICT を活用したりする中でも、本物の自然事象と対峙する場を設け、本物に触れることで生まれる思いにも目を向けていきたいと感じます。

第６学年「人の体のつくりと働き」で、消化の働きについて調べる際に、ナルトビエイを用いて解剖実習を行いました。瀬戸内海沿岸ではナルトビエイによるアサリの食害が発生しているため、定期的にナルトビエイの駆除活動が行われています。この駆除されたナルトビエイを譲り受け、解剖自習で用いました。子供たちは「人間と見た目は違うけどちゃんと消化管があるよ」「胃の中からは貝のようなものが出てきたよ。腸ではドロドロで原型がよくわからないね」と、目の前のナルトビエイから消化管のつくりや働きを学んでいきました。

図3　胃の内容物

解剖を終えた後には、以下のようなナルトビエイの「命」や「生物の巧みさ」に目を向けた気付きをもつ子供の姿が多く見られました。

- ・胃の中を見ると、ナルトビエイが食べた生き物がたくさん出てきて、ちゃんと食べて生きていたんだなと思った。
- ・胃や腸で食べ物がドロドロに消化されていて、臓器がしっかりと働いているんだと思った。

理科の授業では、資料から分かる知識だけではなく、上記のような本物に触れることで生まれる子供の思いも大切にしていきたいと考えます。

○実験結果（自然）や他者の考えを真摯に受け止める

　ここまで、他者や環境、生命を尊重する態度の大切さについて述べてきましたが、理科の授業では時々、次のような子供の姿を目にすることがあります。

> ・思いどおりの実験結果が得られなかったため、「これは失敗で、本当はこうなるはずだ」と教科書の実験結果を参考にする子供
> ・少数派の意見には触れず、多数派の意見によって話し合いを進める子供

　このようなときには「自然が相手だと必ずしも思いどおりにはならない。何か失敗の原因があるのではないか」「少数派の考えであっても○○くんの言っていることも大切だ」と、実験結果（自然）や他者の考えを真摯に受けとめる態度が大切であると考えます。なぜなら、このような態度で自然事象や他者に接していくことが、新たな発見へとつながると考えるからです。

　第6学年「植物の養分と水の通り道」において、葉からの蒸散を確かめる実験を行いました。どの班も「葉が付いた方の袋には水滴が付き、葉を取り除いた方の袋には水滴が付かなかった」とする中で、A班は「葉を取り除いた方の袋にも少し水滴がついた」と結果をまとめました。このA班の結果は偶然ではないかという雰囲気がある中、K児はA班の実験中の静止画を拡大しながら、「葉を全部取っているはずだけど、小さな葉が残っているよね。ここから水が出て、A班の袋は曇ったので

図4　説明するK児

はないかな」と発言しました。このK児の発言を価値付けたことで、葉を完全に落として再実験を行うことになりました。すると、葉を完全に落とした枝でも袋が曇るということが分かりました。この実験結果から、「水は水蒸気になって主に葉から出ていくが、枝からも少し出ていく」と結論付けました。「実験結果（自然）を真摯に受け止め、原因を探ろうとするK児の姿」や「K児の発言を真摯に受け止め再実験に協力する子供の姿」が「茎からも蒸散する」という新しい発見につながったのです。

　上記のような経験を積み重ねていくことで、子供は「実験結果（自然）や他者の考えを真摯に受け止めること」の意義を感じるようになるでしょう。

(1)「より納得できるように」と発揮される エージェンシー

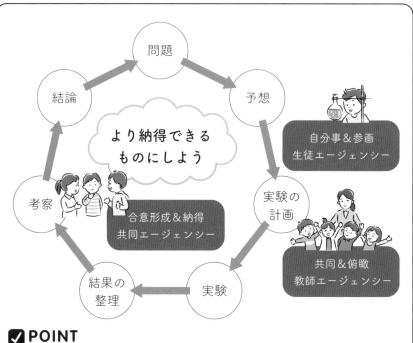

✅POINT

● 理科でこそ発揮される「エージェンシー」

　実験や観察では、目的をもって子供たちが主体的に参加します。理科の授業はまさしく「エージェンシー」を発揮する場です。また、試行錯誤でも「エージェンシー」は育成されます。

●「より納得できるものにしよう」が合言葉

　みんなが「より納得できるものにしよう」と活動にのめり込み、実験や観察を通して学級で合意形成を図り、クラスの結論が見いだされます。このときこそ子供たちは思い切り「エージェンシー」を発揮します。

● 子供たちが「エージェンシー」を発揮するための「教師エージェンシー」

　子供たちと共に伴走する教師は共同で学びをつくるため「教師エージェンシー」を発揮する必要があります。共に学びを進めながらも専門性を用いて進む方向を予見し、子供が「エージェンシー」を発揮できる場づくりをします。

○理科でこそ「エージェンシー」が発揮される

「Learning Framework 2030」では「エージェンシーは、社会参画を通じて人々や物事、環境がより良いものとなるように影響を与えるという責任感を持っていることを含意する」と定義されています。理科の問題解決では、個の学びと集団の学びを繰り返し、子供が意見の表出や実験の計画、機器の操作などを通して、参画し、協力しながら、全体に貢献することで成立するため、まさにエージェンシーを育成できる絶好の機会となり得るはずです。

図1　理科の問題解決の過程

図2は、子供がタ　ンクリップを楽に使う方法について考えた際、「てこの規則性」をあてはめたときの板書です。身近な道具にきまりがどのように生かされているのかを探り、支点からの距離とクリップを開く力の関係を数値にして考えられないかを模索していました。

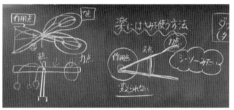

図2　「てこの規則性」活用場面の板書

> C：これを何とかして、実験で示せないかな？　証拠で示したい。
> T：でも…この器具では、あまり正確には出せない可能性もあるよ。
> C：でも、あきらめずにやったらいい。
> C：何度も実験して、たくさんデータを集めれば、だいたいの数値が見えてくる！
> C：みんなの実験結果を集めたらうまくいくよ。
> T：よし、じゃあやってみよう。

授業終盤、クリップを開くのが楽に感じる理由について、デジタル吊り下げ秤を使って数値で示そうとしました。子供が自ら参画して協力し、結論を導きだす姿と言えます。

○「より納得できるものにしよう」と協働的に行う問題解決

問題解決を行うとき、みんなが「より納得のできるものにしよう」と試行錯誤を繰り返します。例えば予想が子供からたくさん出たとき「○○かもしれないなら実際に試そう」という声が聞かれます。実験を行い、結果を「実証的」に示すことで、「より納得できるも

図3　問題解決の過程でのつぶやき

のになる」という考えから出てきたものでしょう。ほかにも実験の際に、子供たちがあらかじめ結果の読み取り方を相談したり、考察場面でこのままでよいのか疑ったりするような姿を見ると、「エージェンシー」の高まりを感じます。図3に子供たちの「より納得できるものにしよう」という、心の働きによって出るつぶやきを問題解決の過程にあてはめて示しました。

第4学年「天気の様子（水の自然蒸発と結露）」で「コップの水は日なたでも日かげでも空気中に出ていくのだろうか」という問題について実験で確かめていました。屋上に設置していた4つのカップを比較。ラップについた水滴、印を入れたところと現在の水面との差について話し合いました。すると「みんなの結果を知りたい」という声が聞こえてきました。「なぜそんなことをしたいの？」と問い返すと、「自分の班の結果だけで決めてはいけないから」という答え。全班のデータを比べて結論を出したいと言うのです。それぞれの班で水の量は揃えたが、班ごとに元の水量は違う。そのことに気付いた子供は「それぞれ水の量が違う」と言いました。すると「減った量だから、たとえ最初の水面が違っても今の水面がはじめの水面からどのくらい下がったかで比べればできる」というのです。日なたと日かげで、どのくらい減ったのかを変化した水面の差で示し、多くのデータから結論を導きだそうとしました。みんなで話し合い、たくさんのデータからより納得できる結論にしたいと考える姿は、まさに「エージェンシー」が発揮された場面です。

○子供と共同で学ぶ際に発揮する「教師エージェンシー」

　「目標を設定し、達成するために求められる行動を特定する力を必要とする」のがエージェンシーです。それぞれの子供が、問題解決の過程でエージェンシーを発揮しようとするのみならず、仲間と互恵的な協力関係を築きながらそれを行う理科授業は、「生徒エージェンシー」と「共同エージェンシー」の両方を発揮できる場と言えます。

　予測困難な時代を生き抜く子供たちにとって「エージェンシー」の育成が不可欠であることは、これまで述べてきたとおりですが、それを支える教師もやはり「教師エージェンシー」を発揮せねばなりません。OECDは生徒がエージェンシーを発揮し、自分の潜在能力を発揮するためには大人の支援が必要であるとしています。学びにおいて子供が「生徒エージェンシー」を発揮し、「共同エージェンシー」という関係性に至るためには教師の役割と力、つまり教師側のエージェンシーが大切となります。この場合の教師の立ち位置は、既にある「課題の答え」を答えさせるというような、「答え」を挟んだ両側に教師と子供が配置するようなイメージではありません。

　「その問題をみんなで考えていくのもいいね」「なるほど、面白い方法を考えたね」など、教師が問題解決の過程を伴走しながら、方向を設定します。さらに、「どうしてそう考えたの？」「その予想をした理由をもう少し聞かせて」と問いかけ、その考えに至った経緯について振り返る機会をもち、学級全体に広げます。このような言葉かけにより、子供と教師が共同で問題解決することになります。これは、すなわち「教師エージェンシー」が発揮された姿です。

　図4は次の実験方法についてクラス全体で話し合っている様子です。教師は次なる方向性を定めるために複数の方策を考えながら、子供の話に耳を傾けます。ここで教師は、子供と共同しながらも、専門的な知識やスキルを用いて、問題解決の進む方向を予見し、時に路線変更やまわり道も加え、子供が「エージェンシー」を発揮できる効果的な方向を考え、提案することが肝要です。

図4　新たな方法を話し合う様子

(2) 生徒エージェンシーと共同エージェンシーが発揮される理科授業

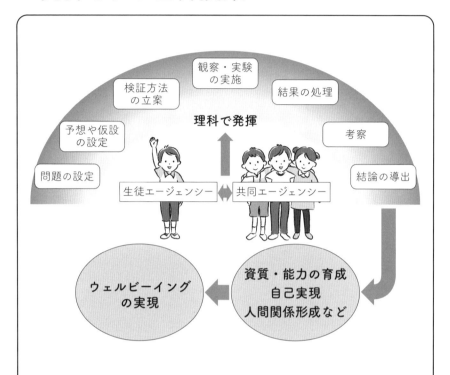

✅POINT

●理科授業で発揮される「生徒エージェンシー」

　解決したい問題を見いだすことが第一歩です。自分で問題を見いだし、見通しと振り返りを通し、責任をもって解決していく力が発揮されます。

●理科授業で発揮される「共同エージェンシー」

　友達と協力しながら目指す目標に向かって支えていくという概念です。ケア的思考を働かせたり、教師も共同エージェンシーの一員になったりすることが大切です。

●エージェンシーの発揮が寄与する資質・能力の育成

　理科においてエージェンシーを発揮することは、資質・能力の育成、自己実現、人間関係形成などにつながります。

○「生徒エージェンシー」「共同エージェンシー」とは

　我々教師は、目の前の子供にどのような力を付けるかを日々考え続けています。理科の授業も同様で、日々の授業を通して子供のどのような力を引き出すか、伸ばしていくかを考えていきます。本書では、ウェルビーイングを見通した理科授業を展開していくことをその手段としています。学校での授業や単元の構成を議論する際に、これまでは知識や概念の獲得に多くのウエイトが置かれてきました。子供は教科特有の知識や概念の獲得のために生きているのではなく、この先の人生においても、幸福で心豊かに生きることが第一であり、教科の学びがその点に貢献しなければ意味がありません。その視点に立った際に、理科の授業はどのようなものであるべきでしょうか。

　これまでの理科を考えると、教師が子供にどのように指導をするか、何を学ばせるかという学習観が語られることがありました。これからの学習を考える際に重視したいことは、子供は有能な学び手であり、何を学ぶかではなくどのように学ぶかという点です。その点を前提とし、「生徒エージェンシー」と「共同エージェンシー」が発揮される理科授業について考えていく必要があります。

　「エージェンシー」の定義については前項でも述べられていますが、改めて確認しておきましょう。「ラーニング・コンパス2030」によると、「エージェンシー」とは、変革をもたらすために、自分で目標を設定し、振り返り、責任をもって行動することとされています。子供自身に関するエージェンシーを「生徒エージェンシー」と呼びます。学習指導要領で示されている「主体性」に近い概念ですが、教師に指示されなくても行動する、社会との関係を含むなどの点を踏まえ、より広義とされています。図1のようにウェルビーイングを実現するためには、教師や仲間たちなど、学習者が目指す目標に向かって進んでいくことを支える、双方向的で互恵的な協力関係が必要です。これが、「共同エージェンシー」の考え方です。

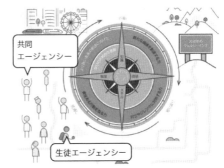

図1　生徒エージェンシーと共同エージェンシー
ラーニング・コンパス（OECD、2019）を一部改編

○理科授業で発揮される「生徒エージェンシー」「共同エージェンシー」

　「エージェンシー」の定義を踏まえると、理科の授業で「生徒エージェンシー」を発揮するとは、新しく出合った自然事象と既有の知識との矛盾点を問題として見いだし、見通しと振り返りを通して、責任をもって問題を解決していく力だと考えられます。

図2　「植物の養分と水の通り道」第2時の板書

　図2の場面は、第6学年「植物の養分と水の通り道」において、「根にはどのような働きがあるのだろうか」という問題を設定した後の場面です。同じ予想に基づいていても、様々な方法が発想されます。子供たちは、自分の予想が正しいかどうかを確かめるための方法を考えます。「この実験をしたらこうなるはず」「予想が正しいとすれば」という考えが、自己実現に向けた目標を設定し、責任をもって行動することにつながると考えます。子供が「生徒エージェンシー」を発揮していても、理科では対立意見に出合うことがあります。また、自分の予想どおりの結果にならなかったり、自分の力では発想できなかった考えに出合ったりすることもあります。このときには、「共同エージェンシー」が大切になるのです。下の囲みは、図2の場面での対話の記録（抜粋）です。

> C26：根が植物を支えているって、当たり前じゃない？
> C15：私はその予想をしていなかったけれど、確かにその働きもあると思うよ。私も一緒に実験していいかな。

　C15の発言には、友達と協力して問題を解決するために必要なケア的思考が働いています。これは、人間関係形成にもつながります。当然、「共同」には友達だけでなく、教師も含まれます。ただし、教師はいつも正解を教えるので

はなく、子供の可能性を最大限に引き出し、同じ目標に向かってサポートする伴走者となるのです。このようにして「エージェンシー」を発揮した子供たちは、問題解決の力を身に付けていきます。

第6学年「てこの規則性」では、実用てこに5kgの重りを下げ、力点にかかる力を体験しました。

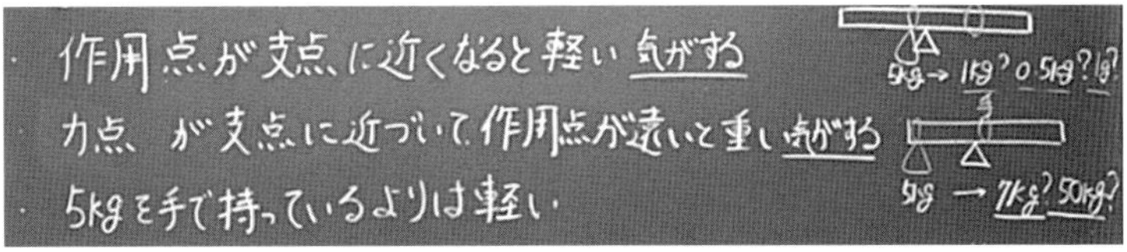

図3 「てこの規則性」第1時の板書

気付きや疑問を整理するなかで、「軽い気がする」「重い気がする」「でも手で押しているだけだから本当か分からない」「どのくらいの力か分からない」という発言が出されました。そこから調べたい

> 重い時、軽い時は本当に重い、軽いのか
>
> 図4 「てこの規則性」C7の問題（2時）

問題を見いだすと、図4にある問題を見いだした子供がいました。この文脈では何を調べるのか、どう調べるのかが曖昧なため、形成的に支援する必要があると捉えましたが、これまでの単元での問題解決の力の高まりがあったため、そこでは指導をしませんでした。自分で予想や仮説、解決の方法を発想する中で、この子供は問題を

> 力点にどれぐらい力を入れると重りが持ち上がるか？
>
> 図5 「てこの規則性」C7の問題（3時）

見直し、図5のように書き換えました。力点にかかる力を明らかにするという思いは同じですが、身に付けた知識を用いて、自分で目標を設定し、振り返り、責任をもって行動する能力が高まったと考えられます。次に問題を見いだす際には、この経験を踏まえてさらなる伸びが見られるだろうと感じました。このように「エージェンシー」を発揮することは、理科の資質・能力を育成することにもつながります。大切なことは、その場限りで教師が「正解を教える指導」をするのではなく、「子供の可能性を伸ばすための伴走」をすることです。

この学習では、グループで協力して、子供自身の力で問題の見いだしから結論の導出までを進めました。

理科において「生徒エージェンシー」「共同エージェンシー」を発揮することは資質・能力の育成や、自己実現、人間関係形成にもつながります。教師はそれらを踏まえた学習観をもつことが大切です。

(3) 理科で育ったエージェンシーを様々な場面で発揮する姿

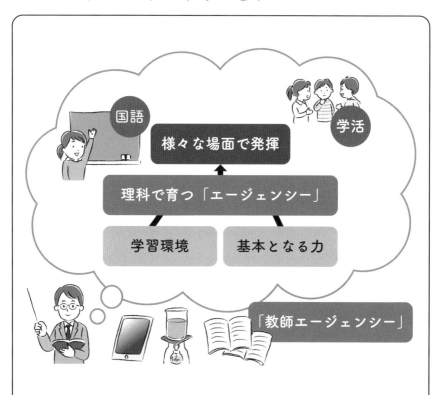

✅ POINT

● 「学習環境」と「基礎となる力」がエージェンシーの発揮を可能にする

　「エージェンシー」を発揮するためには、一人一人に最適な「学習環境」と、読解力やデータを使いこなす力などの「基礎となる力」が不可欠です。

● 他教科や学級活動でも「エージェンシー」は発揮される

　理科を基盤に育ったエージェンシーは「国語でも同じようにまとめよう」「自分たちの力で話し合いを進めていこう」というように広まります。

● 子供が「エージェンシー」を発揮するとき、教師の役割が変わる

　子供が「やってみたい」「こうしたい」と「エージェンシー」を発揮するとき、授業が教師主体から子供主体となり、教師の役割が変わります。

○「学習環境」の設定と「基本となる力」の習得

　子供一人一人に最適な「学習環境」とは、その子にとって気になることを追究する過程において、様々な選択肢があることだと考えます。そのような環境下では子供たちが意欲的に別々の学習経験や機会をつなげて考えるようになっていきます。学びが自分事となり、友達と実験方法を考えたり、結果から考察を導きだそうとしたりするなど、主体的に問題を解決していこうとする中で、自然と対話が生まれます。理科の時間に友達と議論する際には、用語を知っておくことや、実験データを記録して読み取ることが肝要です。これが「基本となる力」で、これが身に付いていると、議論はさらに白熱していきます。

　第4学年「水の3つのすがた」で沸騰を扱う実験を行ったときのことでした。泡が出てくる温度を予想したとき、ある子が「いつも入っているお風呂は40℃くらいだから、ぶくぶく泡が出るのは60℃くらいだと思うよ」と自分の経験を思い出して発言しました。これをきっかけに、「たしかにお風呂の温度よりは高いよね」「やかんでお湯を沸かすと湯気が出るから、すごく熱そう。100℃にはなるよ」と口々に発言し、実験で確かめていきたいという気持ちが高まっていきました。そして、結果の予想に沿って温度計を選べるようにすることで、「100℃以上になると思うから、200℃を測れる温度計にしたいな」「うちの班は100℃までいかないと思うから105℃までの温度計にしようよ」「あとで他の班の結果も見てみよう」と、問題に対して意欲的になっている様子が見られました。図1のように、温度変化のグラフをクラウド上で見られるようにしておくと、「100℃近くで平たくなった。他の班も同じだからこれ以上は上がらないかも」と他の班と比べて考察する子もいました。

　日々のちょっとした選択や生活経験との結び付きを意識して「学習環境」を整え、「基本となる力」を意識できるようにすることで、子供たちには自分たち主体の学びになっているという感覚が芽生えるのではないでしょうか。このように、理科では、自分で解決していきたいと思った問いをみんなで解決していく、つまり

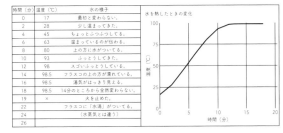

図1

ウェルビーイングを実現する楽しさを味わうことができるのです。

○他教科や学級活動でも発揮される「エージェンシー」

　問題解決の過程をしっかりと身に付けた子供たちは、理科の授業の流れと他教科を結び付けることが多くなっていきます。国語の物語文「プラタナスの木」の「おじいさんの正体は何か」という疑問を扱ったときのことです。

C：おじいさんの存在が不思議だったよ。気になるなあ。

T：じゃあ、おじいさんの正体はなにか考えてみよう。正体の予想は？

C：予想は木の精霊だと思う！あ、予想って理科みたいだね。

C：じゃあ、予想の次は実験だから…国語の場合は教科書をよく読めばよさそうだよ。

C：言葉や場面に注目したらいいと思うよ。

C：それを自分で分析すれば答えが分かるかもしれないね。

　自分たちで立てた問題に向かって解決しようと試みる学習の流れが身に付き、国語でも同じように考えられるようになっていました。理科では、実験や観察という手段で検証し、解決しようとしていましたが、国語でも同様に教科書の記述に着目することで、自分たちで答えを導きだそうとしていました。着目すべきものは何かに気付き、自ら答えを出そうとする姿、これこそ「エージェンシー」が高まる姿ではないでしょうか。その後の話し合いでは、友達と一緒に協力して自分の考えをより確かなものにしていこうとしていました。理科の実験で予想を立てて友達の意見と見比べて話し合う経験が、国語の時間に友達と意見の違いを見つけ、活発に議論するという姿につながりました。

　さらに、学級活動でも「エージェンシー」を発揮していくようになりました。5年生の学級を担任したときには、学級会の計画や司会進行を子供たち主体でできるようになっていきました。理科の問題をみんなで解決してきたように、学級会も自分たちの力で進めていきたいという願いをもって（ウェルビーイングに向けて）取り組みました。班ごとに意見を出し合いながら答えを絞っていくという、どの班の意見にも耳を傾けようとする進め方は、各班の実験の結果を共有して考察していく流れと同じです。理科で学び方を知った子供たちは、その学び方を自然と他の場面でも生かしていました。

これらの例のように、理科の授業ではエージェンシーを発揮する機会が多く、それを他教科に結び付けやすいと言えるでしょう。

○子供がエージェンシーを発揮するときの教師の役割

先述した例のように、子供たちの「エージェンシー」が働くときは、「子供たちが取り組みたいと思える内容」のときだと考えます。このとき、教師が一斉に全員に指示を出したり、まとめたりする機会は減っていきます。しかし、教師の出番がなくなるわけではありません。教師は子供たちのウェルビーイングを支えるため、子供たち一人一人の疑問を解決できるように単元の構成を考え、学習活動では何を求めているのか（ゴール）を明確にしたり、どのような手立てをしていけば子供の活動を支えられるかを考えたりするようになっていきます。つまり、「教師エージェンシー」を発揮していくようになるのです。

図2は、第4学年「ものの温まり方」の「ビーカーの水の温まり方はどのようになるのだろう」という予想の場面における授業の流れを示したものです。この単元では、3つの物質の温まり方について考えていきます。最終的に子供だけで学んでいけるように、金属から空気までの授業の流れを同じように提示したり、問題解決の流れの一つ一つのポイントを毎時間伝えたりしました。すると、金属のときと同じように進めればよいことが分かり、どんどん自分たちで進めるようになりました。自分たちで考えて作った問いでもあるため、解決したいという思いはとても強いものでした。子供たちがそのような学習者になると、教師は子供たちに寄り添い、一人一人の子供と話をする時間が増えていきました。子供とのコミュニケーションが増えたことで、一人一人がどのような考えをもっているのか、対話を通して知ることができるようになっていきます。

これからの授業づくりでは、子供たち一人一人がウェルビーイングに向かうために、教師の役割を見直して、「教師エージェンシー」を発揮していくことが求められていると言えます。

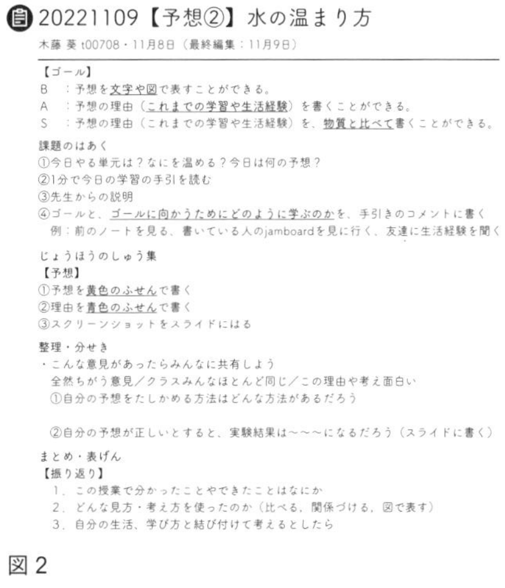

図2

20221109【予想②】水の温まり方
木藤 葉 t00708・11月8日（最終編集：11月9日）

【ゴール】
B ：予想を文字や図で表すことができる。
A ：予想の理由（これまでの学習や生活経験）を書くことができる。
S ：予想の理由（これまでの学習や生活経験）を、物質と比べて書くことができる。

課題のはあく
①今日やる単元は？なにを温める？今日は何の予想？
②1分で今日の学習の手引きを読む
③先生からの説明
④ゴールと、ゴールに向かうためにどのように学ぶのか。手引きのコメントに書く
　例：前のノートを見る。書いている人のjamboardを見に行く。友達に生活経験を聞く

じょうほうのしゅう集
【予想】
①予想を黄色のふせんで書く
②理由を青色のふせんで書く
③スクリーンショットをスライドにする

整理・分せき
・こんな意見があったらみんなで共有しよう
　全My思いが①意見／クラスみんなほとんど同じ／この理由や考え面白い
　①自分の予想をたしかめる方法はどんな方法があるだろう

　②自分の予想が正しいとすると、実験結果は～～～になるだろう（スライドに書く）
まとめ・表げん
【振り返り】
　1．この授業で分かったことやできたことはなにか
　2．どんな見方・考え方を使ったのか（比べる、関係づける、図で表す）
　3．自分の生活、学び方と結び付けて考えるとしたら

(1) 理科授業で「価値の創造」を起こす

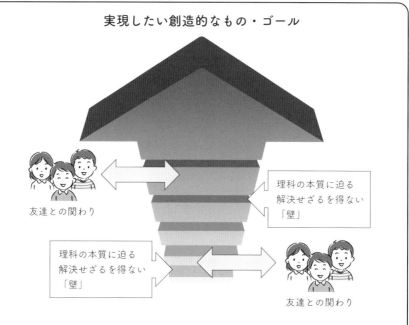

☑ POINT

● 「新たな価値を創造する」活動

　ダイナミックな創造的活動を通して子供たちの新たな価値を創造する力は高まります。単元を通して自由度と責任を感じられる活動を仕組むことが単元づくりのポイントです。

● 子供たちがぶつかる壁

　活動の中で子供たちが問いを抱くように事実を整理し、解決すべき問題を明確にします。解決せざるを得ない「壁」を設定することで、科学的に解決する目的意識と好奇心が生まれます。

● 「自分の結果だけでは解決できない」必要感のある協働

　自分の実験結果だけでは解決に至らない状況に出合うとき、子供たちは自ら他者のもつ事実や考えと関わり、新たな価値を創造する実感を得ていきます。

○「新たな価値を創造する」活動

　「新たな価値を創造する力」の中核となる概念は「イノベーション」です。一般的にイノベーションというと技術革新と捉えられることが多いですが、理科授業では、既有の知識や方法を更新していくことと捉えることもできます。

　自分の経験や体験によって得られたと思っていたことが、新たな事実や友達との関わりによって次々と更新されていく姿は、新たな価値が創造される瞬間と言えるでしょう。

　5年「発芽と成長、結実」の単元では、マイガーデンプロジェクトと題し、自ら選んだ植物について種子から実がなるまで栽培する活動から始めました。5月初めに鉢や育てるための土の種類、置く場所なども子供たち自身が決め、栽培過程を観察していきました。植物を栽培してみて気付いたことや疑問に思ったことを尋ねると「芽が出たものと出ないものがあった。それはなぜなのか？」という意見が複数出され、「発芽にはどんなことが必要なのだろうか？」という問題が立ち上がりました。子供たちから出された水、空気、温度、光、土についてグループで条件を整えながら、実験を行っていきました。その結果から水、空気、適切な温度が植物の発芽には必要であると結論付けたのですが、ある子が「植物の発芽の条件をまとめたけれど、夏に育つものと冬に育つものがある」と発言しました。さらに他の子が「今はあたたかいと発芽するという結果からしか適切な温度が必要ということは言えていない。夏のことを基準にしているから、冬にも実験してみないと分からない」と付け加えたのです。

　10月に入った頃、マイガーデンプロジェクトⅡと題し、再度植物栽培に挑むことにしました。5月の栽培時にうまく育てることができなかった子供は、今度こそは花を咲かせるまでがんばりたいと意気込みます（図1）。このときには、発芽に光や肥料、土は影響しないと5月の実験で結論付けているため、それぞれの植物の発芽に必要な水の量や与え方、温度に着目して自ら条件を整えて調べる子供たちの姿がありました。

図1　植物を栽培する様子

　このように子供たちが自らこれまでの問題解決の中にある不十分さに気付き、新たな問題を立てて解決に挑もうとする姿は、それぞれの子供たちに自由度がある環境と責任を実感する活動の中で培われると考えます。

○子供たちがぶつかる「壁」

　子供たちが自らの舵取りで学びを進めるだけでは、理科の学びの深まりには至りません。理科の本質に近付くことができるように、教師は子供と共に立ち止まることが必要です。その際、子供たちが解決せざるを得ない「壁」となる事実を整理し、意識化することで、追究する目的を明確にします。

　上述のマイガーデンプロジェクトⅡでは、発芽するのに高い温度が必要と考えた子供たちは、理科室内の 25℃か 35℃の温室内で栽培を続けていました。なんとか発芽したものの理科室内の光量が十分でない温室は、成長に十分な環境とは言えません。次第にベランダで育てている植物との違いが明確になってきました。そこで、自分たちが育てている植物の成長の差について、付箋を用いて図2のように整理し、その理由を話し合うことにしました。

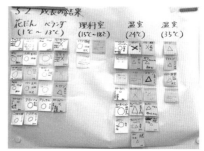

図2　植物の成長の事実を整理する

C：花壇とかベランダは、日光がよく当たるから成長するんじゃないかな。

C：温室は太陽の光が当たらないじゃないですか。だから成長には光が必要で、発芽は温室で大丈夫だったけれど成長は温室では難しいと思う。

C：日光はいるんじゃない。

T：日光っていくつかの要素が入っていたよね。

C：光と熱、温度？

C：僕はベランダや花壇でよく育っているのは、1℃〜13℃の間に適した植物がそこにあるからだと思います。イチゴを温かい所と寒い所に置いて比べたんですよ。そうしたら、温室でやると発芽できなかったから、ベランダや花壇で育っているのは、その温度に適しているからだと思っています。

　成長の様子を付箋で可視化し、整理したことで子供たちは光や温度が成長に影響を与えているのではないかという解決せざるを得ない「壁」に出合いました。問題を意識化するために、事実の意図的な整理が必要だと考えます。

○「自分の結果だけでは解決できない」 必要感のある協働

　自らの学びに責任をもちながら、立てた問題について解決を図っていても、
自分の結果だけでは解決できないことに出合いま
す。そんなとき、子供たちは自ら友達のもつ事実
や考えに積極的に関わり、事実や考えを重ねて解
決へと動き出します。そのようにして新たな価値
を創造する実感を得ていくのです。

図3　複数の事実から考える姿

　先述の子供たちは植物の温度の違いに着目し、
話し合いの続きを次のように進めています（図3）。

T：やっと温室で発芽したって言う人もいたよね。今日、やっと発芽したっ
　　ていうキンセンカは、どうしようと思っているの？

C．ベランダで育てようと思ってる・・・。

C：え？いきなり気温が変わるから大丈夫？メダカとかも水の温度とか水
　　の量とかが急に変わるとよくなかったよね。あまりよくないよ。

C：僕のメロンは温室で発芽したんですけど、植え替えて、そのまま花壇
　　に置いたんですよ。そうしたら、急に寒くなったせいかメロンがしお
　　れてしまって・・・。

　このようなやりとりを経て、子供たちは、温室の中にライトを設けて光を当
てようという結論へと向かっていきました。その際「ライトを付ける時間につ
いてなんだけど、外の環境に近い形にするために、日の出から日の入りまでの
時間になるようにした方がいい」「夏と冬では日照時間が違うからそれに合わ
せた方がいい」という考えが出され、みんなで実践していくこととなりました。

　自分たちの事実を出し合い、多くの友達の事実や考えを取り入れながら、自
らのアプローチを変容させていく子供たちから、既有の知識や方法を更新して
イノベーションを起こし続ける姿を見取りました。

　協働は、子供たち自身に必要感があってこそ役割を果たすものです。必要感
を生むためには、個々の創造的活動が保障され、その上で解決せざるを得ない
「壁」にあたること。これらの活動と協働がかみ合ったとき、新たな価値を創
造し続ける子供の姿があらわれるのではないでしょうか。

⑵ 理科授業で「対立の克服」を繰り返す

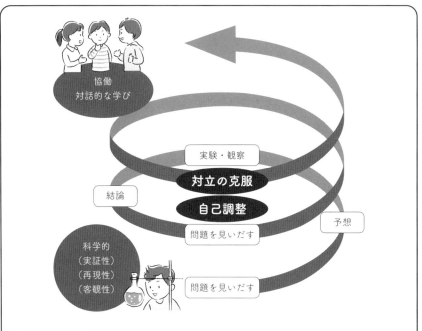

☑ POINT

● 「対立」は理科授業のスタート

　予想する段階では、考えの対立が生まれます。この対立があるからこそ子供たちが主体的に実験や観察に参加できるとも言えます。対立はまさに理科授業のスタートです。

● 対立の克服は科学的に（実証性・再現性・客観性）

　理科授業における対立の克服の鍵となるのが、「科学的」であることです。クラス全員が納得する結論に至るには、実験や観察を通して、科学的に事物・現象を捉えることが大切です。

● 協働と対話的な学び

　仲間と協働し、対話的な学びを充実させることで、相互関係を認識し、十分に練られていない結論を出すことを避け、一人一人が自己調整し、より総合的に考えることができます。

○「対立」は理科授業のスタート

これからの時代を生きる子供たちにとって、自分やコミュニティのウェルビーイングを実現していくためには、多様な考えを受け入れ、対立を克服する力が必要不可欠です。十分に練った上で結論を出すこと、相互関係を認識すること、一人一人が自己調整し、より総合的に考えることなどが大切になります。

理科授業の中では、「対立」がよくみられます。理科の問題解決の過程（図1）において「対立の克服」を繰り返すことによって、前述したような対立を克服する力が身に付いていきます。理科の問題解決の過程の予想する段階では、よく考えの対立が生まれます。この対立があるからこそ子供たちが主体的に実験や観察に参加できるとも言えます。対立はまさに理科授業のスタートです。

図2は、4年「金属、水、空気と温度」の単元、空気の温度と体積の変化について学ぶ場面で、フラスコをお湯で温めたとき栓が飛ぶ現象を観察した後、栓はなぜ押し出されたのかを考え、フラスコの中の空気は、温められるとどのようになるのかを予想した際に子供が書いたホワイトボードです。子供たちからは様々な予想が出されます。フラスコの栓が飛んだ現象と結び付けて、温められた空気は「上に行く」「膨らむ」「動き回る」などの予想が出されました。この段階では、子供たちは「自分の（自分たちの）考えが正しい」と考えています。だからこそ、それを証明するために、実験の方法を発想し、確かめようとします。理科授業では、問題解決の過程を通して対立の克服を繰り返していくのです。

問題解決の過程

問題を見いだす
予想
実験の計画
実験・観察
結果の整理
考察
結論から問題へ

図1　理科の問題解決の過程

図2　予想の場面のホワイトボード

○対立の克服は科学的に（実証性・再現性・客観性）

　理科授業における対立の克服の鍵となるのが「科学的」であることです。小学校学習指導要領解説理科編には、「問題を科学的に解決する」ことについて、「自然の事物・現象についての問題を、実証性、再現性、客観性などといった条件を検討する手続きを重視しながら解決していくということ」と書かれています。また、実証性とは「考えられた仮説が観察、実験などによって検討することができるという条件」、再現性とは「仮説を観察、実験などを通して実証するとき、人や時間や場所を変えて複数回行っても同一の実験条件下では、同一の結果が得られるという条件」、客観性とは「実証性や再現性という条件を満足することにより、多くの人々によって承認され、公認されるという条件」としています。理科授業では、問題を科学的に解決することによって、対立を克服していきます。

　図2の、空気の温度と体積の変化について学ぶ場面では、それぞれの予想に基づいて、子供自身が実験方法を考えました。その際、きちんと実証できるかどうかが重要になります。その子なりの根拠をもった予想であっても、実験によって実証できることが必要となります。ある子供は、「空気がお湯で温められて、熱くて（フラスコから）逃げ出そうとした」と予想しました。空気が「（意思をもって）逃げ出そうとしたか」は実証できませんが、空気が「移動したかどうか、体積が増えたかどうか」は実験により確かめることができます。このように、理科授業では、予想についても実証性を基に再検討させ、実証可能なものを扱っていきます。

　図3は、5年生「振り子の運動」の単元で、表計算ソフトの共同編集機能を使って、グループごとに実験した結果をまとめ、共有したものです。この実験によって、振り子が1往復する時間は振り子の長さのみによって変わることが分かりますが、おもりの重さや振れ幅によっても変わるのではないかという誤概念がなかなか消えない子供もいます。同じ実験を、グループを変えて行っても同じ結果が得られたという再現性をもっ

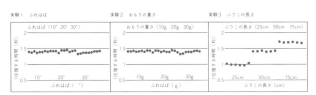

図3　「振り子の運動」グループごとの実験結果

たデータを示すことで、「自分は振り子が1往復する時間はおもりの重さによって変わると思っていたけれど、全体の結果から総合的に判断すると、振り子の長さのみによって変わると考えられる」のように、自分の考えを自己調整し、考えの対立を克服していきます。

　実証性、再現性を満足した結果を、多くの人々によって承認され、公認されるためには、アウトプットが必要です。結果や考察を言葉で説明したり、画像、映像、スライドなどを活用して発表したりする中で、自分以外の他者によって認められることによって、客観性が高まっていきます。また、他者の考えを聞くことによって、自分の考えと比較し、理科の見方・考え方を働かせながら、より実証性、再現性、客観性の高い結論を導きだしていきます。

　理科授業では、問題解決の過程の中で、子供が既にもっている自然の事物・現象についての考えを、少しずつ科学的なものに変容させていくことが大切です。子供たちは、理科授業の中で問題を科学的に解決していくことによって、考えの対立を克服し、自然の事物・現象について納得感をもって捉えていきます。

○協働と対話的な学び

　これまで述べてきたように、理科授業で対立を克服していくためには、個人の学びだけではなく、仲間との協働と対話的な学びが欠かせません。子供同士の協働、対話を通じ、自己の考えを広げ深めることによって、より総合的に考えることができます。図4は、図2の予想を確かめるため、自分たちで考えた実験を行った後、その結果をグループで考察している様子です。実験結果から、見えない空気の状態を想像し、「温められたフラスコの栓が飛んだ」現象につなげようとしていました。個人では気付かないことにも、協働、対話を通じ、考えが広がり深まっていくことにより、新たな気付きを生み、実験結果からフラスコの栓が飛んだ現象を説明することができました。

　他者との関わりの中で、自己調整を学び、対立を克服する力を身に付けるといった視点を教師がもつことが大切です。

図4　グループでの考察

⑶ 理科授業で「責任ある行動」を促す

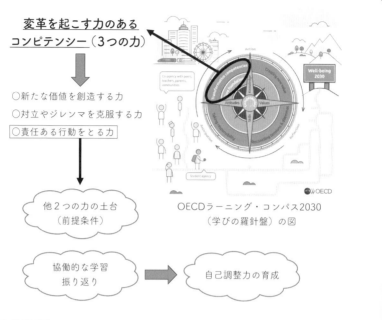

変革を起こす力のある
コンピテンシー（3つの力）

○新たな価値を創造する力
○対立やジレンマを克服する力
○責任ある行動をとる力

OECDラーニング・コンパス2030
（学びの羅針盤）の図

他2つの力の土台
（前提条件）

協働的な学習
振り返り

自己調整力の育成

✅POINT

●理科授業の中で「責任ある行動」を促す意義

　3つの「変革を起こす力のあるコンピテンシー」のうち、「責任ある行動をとる力」は他の2つの前提となります。

●責任ある行動を促す理科授業

　自分の幸せだけでなく、他者と協働しながら、未来を見据えて多くの人たちの幸せを追求する意識を育てていくことが重要です。そのためには、理科授業においても自分の言動を振り返り、他者の役に立っているという実感が大切です。

●自己調整力

　責任ある行動を促すためには、その子の「自己調整力」が不可欠です。振り返り等で、子供や先生方が学びを振り返り、学習と生活のつながりを考える場などを設定しましょう。

○理科授業のなかで 「責任ある行動を促す」 意義

OECD「ラーニング・コンパス2030」の４つの針が示す一番外側に「変革を起こす力のあるコンピテンシー」があり、その内容として３つの力があげられています。本項で述べる「責任ある行動をとる力」と他の２つの力の関係は図１のようになっています。

新たな価値を創造する力	対立やジレンマを克服する力
責任ある行動をとる力⇒土台（前提）	

図1　３つのコンピテンシーの関係

図１に示すように、「責任ある行動をとる力」は他の２つの土台（前提）です。なぜ、責任ある行動をとる力が他の２つの前提になるのでしょうか。

それは、子供たちが変革を起こそうとする際には、本人自身だけでなく他者のことを考え、自分の行動がもたらす将来の結果（メリットとデメリットの両面）を予測し、物事を多面的に捉え、自分の行動に対して責任をとる「覚悟」と「力」があってはじめて、他２つの力が発揮されるからです。

子供たちが責任ある行動をとる力を身に付けるためには、新しい学びのスタイルが必要だと考えています。図２のように、学習の振り返りを毎時間

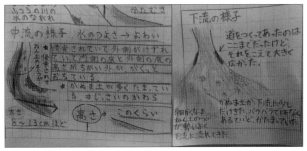

図2　５年「流水の働き」従来の振り返り

行っていましたが、これまでは学習で分かったことを記述することに重点を置いていました。

しかし、子供たちが学習を振り返る際、分かったことだけではなく「自分が学習とどう向き合ったか」「学習を生活に生かすことはできないか」などを考える手立てを講じ、主体的に学習に取り組むことが不可欠だと考えます。そこで、子供一人一人が「学び続けることでもっとよい世界に変えることができる」「これで本当によいのか」「改善できることはないか」と問い直し、自分の行動や生活に対して「責任をもつ力」を身に付ける理科授業が求められています。

○責任ある行動を促す力を育むための実践事例

子供の責任ある行動を促すことを目的に、第6学年「電気の利用」で、身近な生活について「プロジェクト解決型学習」を行った実践を紹介します。子供の知的好奇心を喚起する手立てを講じ、主に理科学習で「発電機」「未来のエコハウス模型」を製作するプロジェクト（課題）を与えると、子供たちは追究を続け、実生活へ学びを生かす姿が見られました。

責任ある行動を促す場面について説明します。まず、環境問題を解決する

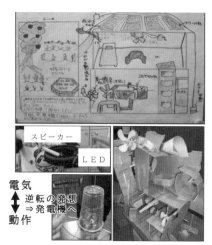

図3　発明した発電機やエコハウス

ために私たちができることを話し合い、自然の力を利用する環境に優しい発電について関心が高まるようにしました。

そして、生活に身近な学習を進めるうちに、図3のように、発電機やエコハウスを作る課題（プロジェクト）のもとで試行錯誤を重ねました。子供たちがエコハウスを製作するだけでなく、「なぜそれがエコと言えるのか」を振り返るように発問しました。電気部品、プログラミング教育用ブロック、模型等を製作することで、本筋である発電の追究や実生活での節電の工夫に時間をかけることができました。

単元終末ではエコハウス発表会を設定し、地域のセーフティーウオッチャー、自治会長、保護者に未来のまちづくり、節電の方策などを提言しました。参観した地域の方から、「子供たちの目が輝いていますね。環境に優しいポイントには根拠があります。理科が生活に密着していておもしろいですね」という声をいただき、子供たちは他者に認めてもらえたことを自信と達成感につなげました。さらに、今まで理科への意欲が高くなかったAさんは、学習で「将来は新しい発電の方法を考えたい。理科を使った仕事がしたい」という夢をもち、卒業文集に綴りました。日常的に節電に取り組む子が3人から22人に増えるとともに、エコハウスが環境に優しい理由について根拠をもって説明できる子供が2人から26人へと増え、エネルギー資源の有効利用、環境教育の視点から、

生活には自己責任が伴うことに一人一人が気付きました。

○キーワードは「自己調整力」

　子供の自己調整力を育てるためには、学習の振り返りを行うことが大切です。しかし、振り返る視点の改善が必要です。
○自分が今日学んだことは何か　○学びを生活に生かせることは何か
○友達と協力したよさ　○学習を生活に生かせることなど、子供が実感できる視点で、毎時間振り返りたくなるように改善していくことが重要です。

表1　学習後の子供の変容について

単元の学習後
○振り返りの記述から子供たちの意識や思考が学びから生活へと高まっていることがうかがえた。その高まりを5つに分類することができたので以下に示す。 　①将来への夢や学習への意欲　　（8人） 　②他教科等での思考の活用　　　（6人） 　③地球環境に配慮した思考　　　（5人） 　④節電につながる発想・行動　　（4人） 　⑤表現することの楽しさ　　　　（4人） 理由○家で学習内容をもう一度ノートにまとめると、よく分かるようになったから。 ○考えを書いたときに、先生や友達にほめてもらえてとても嬉しかったから。

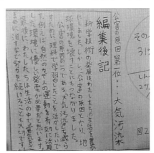

図4　社会科の新聞での表現

　振り返りの工夫を続けていくと、図4のように、例えば社会科の新聞で「科学技術の発展は生活を豊かにしたが、一方で公害も引き起こした。大気汚染を減らすために環境に優しい発電が必要だ」という趣旨の表現をするようになります。子供たちが他教科等や実生活でも、自分の行動を振り返ることに気が付くはずです。

　今回、GIGAスクール構想タブレットで子供同士でも振り返りを共有できるようにしました。すると、友達の振り返りを参考にしたり、学びを実生活に生かす視点で表現したり、友達同士で振り返りを認め合ったりしていました。

　表1は単元学習後の振り返りの分析です。振り返りの視点を子供たちと考えたり、振り返りの共有を通して互いに称賛したりする工夫を講じる、つまり、振り返りを「責任ある行動」の視点で改善することによって、子供たちが自己調整しながら理科授業を進め、問題を粘り強く追究していくと考えます。

(1) 個と集団を鑑みた幅広い「教育目標」の必要性

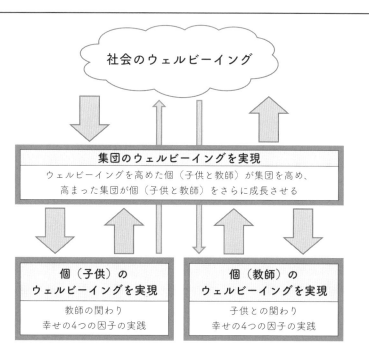

✅ POINT

●個と集団のウェルビーイングの実現

学校を変えていくには、「個と集団のウェルビーイングの実現」が大切です。まずは、子供一人一人が個のウェルビーイングを実現するために、「共に授業をつくる」ことに取り組んでみてはどうでしょうか。

●幸せの4つの因子〜教師編〜

ウェルビーイングと聞くと難しく感じるかもしれませんが、要するに子供も教師も幸せになればいいのです。教師が幸せになるために、まずは子供の声を聴きましょう。

●幸せの4つの因子〜子供編〜

子供が幸せになるヒントは、理科の授業において、子供に任せゆだねることです。

○個と集団のウェルビーイングの実現

ウェルビーイングの考え方をもつことは、学校がこれまで大切にしてきたことを、新たな視点から見直すことにつながります。

個と集団を生かしていくことも、その一つです。これまで学校では、集団の幸せを願うあまり、みんなで同じことを同じようにすることに重きが置かれていたのではないでしょうか。個と集団の両方の充実を目指すことは、これまでの学校教育のよさを保ちつつ、一人一人の思いや願いに寄り添おうとすることにつながります。

日本財団の18歳意識調査では、「自分の行動で、国や社会を変えられると思う」と回答した割合が、調査に参加したどのOECD加盟国と比較しても、半分以下という実態が浮かび上がってきました。子供が、個性を生かして集団を高めていくということよりも、集団に合わせることを求められてきたこれまでの学校教育の結果であると言えます。子供が、「国や社会を変えられる」と思うようになるためには、まず、「自分の行動で、学校や学級、授業を変える」という経験が必要だと考えます。

このような前提で、改めて個と集団から「教育目標」を鑑みたとき、「思いやりのある子を育てる」といった従来型の目標も大切ですが、学校を変えるためには、思い切って「育てる」という意識を一度リセットしましょう。教師の役割も変わってきています。「育てる」から「共につくる」に意識を変えてみてはどうでしょうか。例えば「幸せな学校づくり」のような教育目標ならば、ウェルビーイングが実現されると考えます。目標を変えるのが難しければ、目標実現のためのスローガンづくりを子供にゆだねるのもよいでしょう。子供の思いを大切にし、個人のウェルビーイングの実現を目指すのが集団を高める近道です。「個人のウェルビーイングが様々な場で実現し、ウェルビーイングを実現した個人が集まってウェルビーイングが高い集団が作られる。そして、そうした集団の場で個人のウェルビーイングがさらに高められる」といった、個人のウェルビーイングの実現から始まる階段を上っていくことが大切です。

ウェルビーイングとは「心身ともに健康で、幸せな状態が持続していること」ですから、単純に教師も子供も幸せになればいいのです。さらには、保護者、地域の方々の幸せへと広がっていきます。まずは、教師と子供のウェルビーイングについて考えていきましょう。

○「幸せの４つの因子」 ～教師編～

　ウェルビーイングの実現には、「幸せ」になることです。英語では、happiness と well-being という２つの用語があります。これらには、短期的な幸せと長期的な幸せという意味の違いがあります。

　例えば、理科のテストで100点を取ったとき、自分が活躍する姿が学級新聞に掲載されたときなど、うれしい瞬間には短期的な幸せを感じますが、思いどおりにならないこと、悲しいことなどがあると、すぐに幸せではなくなってしまうでしょう。短期的な幸せは、気分によって大きく左右されてしまいます。

　それに対して、例えば、自分の考えを追究する問題解決の面白さを知り理科の授業が待ち遠しいとき、学級新聞作りに工夫して取り組んで発行を続けているときなどは、長期的（継続的に）に幸せな状態が続くでしょう。長期的な幸せとは、よい状態にあること、よい状態を自分で作っていくことだと思います。それでは、どのように長期的な幸せを実現していけばよいのでしょうか。

　一つの方法として、前野（2018）が示した「幸せの４つの因子」を紹介します。それは、自己実現と成長の「やってみよう！」因子、つながりと感謝の「ありがとう！」因子、前向きと楽観の「何とかなる！」因子、独立と自分らしさの「ありのままに！」因子です。教師が幸せになって学校を変えていく手始めに、「やってみよう！」因子と「何とかなるさ！」因子をおすすめします。

　これまでは、学級経営案等を作成、交流するなどして共通理解を図りながら学校経営を進めていたことが、子供の実態に合わせて柔軟に対応していくことを躊躇させていたこともあったかもしれません。「やってみよう！」という気持ちが高まる学校でなければ、今後は立ち行かないでしょう。昨今、教師は伴走者と呼ばれ、コーチングやファシリテートの役割が求められています。教師の呼び方一つにも、変化が求められていることが表れています。

　では、どのように変わっていけばいいのでしょうか。例えば、教師が伴走者として行うコーチング。子供たちの声を聞く際に、結論ありきで聞いていないでしょうか。子供の話を先入観なく聞くだけでも「個を生かした理科授業」「個の充実を目指す理科授業」のヒントが見つかることでしょう。

　幸せの４つの因子にあるように、「やってみよう！」因子で取り組んでみましょう。うまくいかなくても「何とかなるさ！」因子で前向きに。それが次の成功のステップとなるはずです。

○「幸せの4つの因子」 〜子供編〜

　2017年改訂の学習指導要領では、内容を通して資質・能力を育てることが明確にされ、教科等ならではの視点や思考の枠組みとして、見方・考え方が示されました。先行き不透明な未来を切り拓く資質・能力を育成するには、すべての子供のよさや可能性を引き出す必要があり、子供の学びの個性化が不可欠です。これは「ありのままに！」因子と「ありがとう！」因子で解決しましょう。

　みんなに合わせることが大事な場面もありますが、これからは「ありのままに！」因子が表現でき、自分らしく学習できる学校づくりが大切です。

　例えば、「ものの温度と体積」で、実験の場面を子供に任せゆだねてみます。ガスバーナーで温めると体積が大きくなり輪の中を通らなくなる金属球を、「湯で温めた場合は、輪の中を通るかどうか？」について予想を立てて実験し、考察までをノートに書くという学習です。輪の中を通らなくなると予想した子供が多く、3回程度の実験で反証を得たと納得して考察を書く子供もいましたが、5回6回と実験を重ねる子供の姿も見られました。何度も実験を重ね試行錯誤する子供の姿に、「学びに向かう力、人間性等」の高まりを感じました。

　これは、実験の方法も回数も子供が決めたという例ですが、普段から子供が自分の立てた予想に沿って実験を進められることが大切です。子供に任せゆだねてしまえば、納得いくまで何度も実験したり、お湯につける時間を長くしたり、子供なりに工夫しながら、自分の立てた予想を追究していくのです。そのような子供の姿を「ありのまま」受け入れることが教師の行うべきことでしょう。

　鏡で反射させて集めた日光で温度を上げる実験では、失敗する場面を見かけることがあります。そのまま、子供に任せゆだねましょう。子供に伝えるべきことは、「予想の立て方はどうだったか」「予想を検証する実験方法になっているか」という問いかけです。もう一回やる、鏡を5枚にするなど、子供なりの方法でやり直します。やり直さない子供も、ありのままに。考察の交流で間違えていたことに気付き、学習が深まったことを一緒に考えてくれた子供に感謝するでしょう。個々が自分の追究を行っている環境で、友達とつながり、聞き合い、高め合う場面が広がれば「ありがとう！」因子は自ずとあらわれます。

文献

前野隆司『「幸福学」が明らかにした幸せな人生を送る子どもの育て方』2018、ディスカバー・トゥエンティーワン

(2) 私たちが実現したい未来をつくるための カリキュラム

ウェルビーイングの視点で

組織で改善

☑POINT

●ウェルビーイングの視点からカリキュラムを見直すには

　各学校には教育課程（カリキュラム）という枠組みがあります。この枠組みを、ウェルビーイングの視点で見直します。現状のカリキュラムについて、「本校で育てたい資質・能力」や「本校で育成したい学び方」等が効果的に実行されているか見直します。

●カリキュラムの充実を図るには

　カリキュラムは、社会的なニーズや児童の実態から変わりうるものです。カリキュラムを効果的にマネジメントするには、PDCAのサイクルを意識すること、組織の力を生かしてそれぞれの立場から改善を行うことが大切です。

○これからの学習の枠組み

　「OECD Learning Framework 2030」では今後の学習の枠組みについて、子供の意欲を喚起させるようにデザインするべきであるとしています。さらに、一貫性や焦点化などをポイントにあげ、単元・領域は子供の発達の段階に応じて基礎的なものから高度なものへと配列することや、各学年で扱う単元・領域はより少なくし、鍵となる概念の理解を強化するために単元・領域が重なることの必要性を説明しています。

　さて、学ぶことへの意欲を喚起させるには、学んだことが有効であると、子供自身が感じることが大切です。例えば、第４学年の算数では「表や折れ線グラフ」を学びます。同じ学年の理科では、金属、水及び空気の温度を変化させたときの体積変化などを二次元の表で表したり、天気による一日の気温の変化の様子を折れ線グラフで表したりします。実験結果を表や折れ線グラフにする際には、算数のねらいにある「Ｄ デ　タの活用」で学んだことを振り返り、データを表や折れ線グラフで整理するよさを確認することが重要です。表については、データを二つの観点から分類整理して比べるのに有効であること、折れ線グラフについては、得られたデータの時間的変化を分析しやすいことなどを子供が理解することで、表やグラフを使うことへの意欲が高まります。これは、理解したことの強化にもつながります。

　また、一貫性や焦点化の観点から、すべての単元・領域を指導する際に「理科の見方・考え方」を意識して授業を進めることが大切です。「理科の見方」は、問題解決の過程において、自然の事物・現象を捉えるときに働かせる視点です。「理科の考え方」は、問題解決の過程における思考の枠組みです。具体例を示したり、子供たちの行動を価値付けしたりして「理科の見方・考え方」を意識させましょう。子供たちが意識的に「理科の見方・考え方」を働かせながら自然の事物・現象に関わることは、理科を学ぶ意義と大きく関係します。

　他教科で学んだことを使ったり、「理科の見方・考え方」を意識的に働かせたりする場を設定することで、子供たちは学ぶ意義を感じ、学ぶことへの意欲につながります。

○ ウェルビーイングの視点からカリキュラムを見直す
── 資質・能力でつなぐ

　単元の配列順序を変えるときや学校独自に育てたい資質・能力をカリキュラムに反映する場合、どのように工夫すればよいでしょうか。

　単元の配列順序を変える場合、例えば第5学年で学ぶ「振り子の運動」は、教科書によって掲載されている順序が違います。第5学年では、主に予想や仮説をもとに、解決の方法を発想する問題解決の力の育成を目指しますが、学ぶ時期によって授業の流れは変わってきます。4月に行う場合は、予想や仮説を立てて自分で実験方法を考えることや、条件制御の考え方などを、個別に教えていくことが大切です。また、9月頃に行う場合は、子供たち一人一人が予想や仮説をもとに、解決の方法を発想する力が身に付いているかどうかを判断することが大切です。そして2月頃に行う場合は、安全面に十分配慮した上で、予想や仮説を立てることや実験方法を考えること、実験結果が他のチームと違っていたときに検討することなどを、子供たちに任せることが大切です。

　また、学校で育てたい資質・能力を「責任ある行動をとる力」としたときに、その育成には、複数の教科や領域でカリキュラムに反映することが有効です。理科では、グループで実験をするときに友達と協力すること、任せられたことに粘り強く取り組むことなどを通して育てていくことができます。また、結果をまとめるときに、自分の意見をもつことや科学的な根拠をもとに話し合うことなども責任ある行動をとる力に大切な要素です。他教科の学習でも、様々な活動の中で、責任ある行動をとる力につながる場面を設定できることでしょう。また、道徳科では、「善悪の判断、自律、自由と責任」の内容で、自律的に判断し責任ある行動をすること、特別活動の学級活動では、学級内の組織づくりをして活動する中で、自分の役割や責任を自覚することを学びます。

　「責任ある行動をとる力」の育成を教師が意識して、様々な場面で子供たちがその力を発揮したときに声をかけ、強化することや子供たち自らが行動を振り返り価値付けすることが大切です。

○ カリキュラムの充実を図る ── 組織でつなぐ

　学習指導要領解説総則編には、「各学校においては、（中略）自校の教育課程の編成、実施、評価及び改善に関する課題がどこにあるのかを明確にして教職

員間で共有し改善を行うことにより学校教育の質の向上を図り、カリキュラム・マネジメントの充実に努めることが求められる」と明記されています。

　ウェルビーイングの視点を取り入れてカリキュラム・マネジメントを進めるには、どのような手順が必要になるでしょうか。

　例えば、来年度に向けて学校経営計画や各教科の年間計画を見直す時期に、今年度の学習活動や学校行事等が「学習者主体の活動になっていたか」という項目や「自ら主体的に考え、責任ある行動をとる資質・能力を育てるものになっていたか」という項目で、評価・改善していくことが考えられます。評価については、各学校で行っている学校評価の利用や週案簿の反省、各教科部会や各学年部会などでの意見集約があります。「主体的に考え、責任ある行動をとる力が育成されたか」の成果と課題について、それぞれの立場から評価をもらうことが大切です。また、改善については、学校評価検討委員会、各教科部会や各学年部会などで、来年度の改善策を検討します。今年度のカリキュラムをベースにして、課題を明確にし、学校教育の質の向上を図りましょう。

　カリキュラム・マネジメントのポイントは２つあると思います。１つ目は、PDCA のマネジメントサイクルを実行することです。カリキュラムは、社会的なニーズや児童の実態から変わることを前提にして、どのように変えていけば、資質・能力が育成できるか、しっかりと評価・改善していくことが大切です。２つ目は、組織的な取り組みです。子供たちの資質・能力が育成できたかについては、学級の子供たちの可能性を一番に把握している学級担任や、学級に関わる教師が中心になって行うことが大切です。一方で、各教科から出てきたものをまとめたり学校評価の結果を分析したりする中で、来年度の学校のグランドデザインを構想していくことは管理職が中心になって行うことが大切です。

　教師全員が、責任をもってカリキュラム・マネジメントに取り組むことで、学校のウェルビーイングも達成することになります。

責任と幸せを意識して改善作業を

(3) AAR サイクルを意識した授業づくり

✅ POINT

● AAR サイクルでは「振り返り」が大切

単なる反省ではなく、自分の言動を振り返り深く考えることが必要です。失敗の原因を生み出した自身の考えに気付き、不十分さを認め、改善策を導くことが大切です。

● AAR サイクルを促す課題は、解決に必要な知識・技能が習得済み

未習得の内容で課題設定すると、解決に向かう見通しが立ちません。解決に至らない可能性が高まり、AAR サイクルが機能しません。

● 習得型の学習と探究型の学習での AAR サイクル

教科等の習得型学習では知識・技能を活用できる場で設定し、総合学習等の探究型学習では、追究過程を通して解決に必要な資質・能力を育むようにします。

○AAR サイクルを促す問題解決活動の条件

　OECD「ラーニング・コンパス 2030」では、AAR サイクル：Anticipation（見通し）、Action（行動）、Reflection（振り返り）を提言しています。これは、人が生涯にわたって自律的に学び続けるための学習プロセスであり、大まかな見通しを立て、行動し、それを振り返り、修正しながら進めていくという学びのサイクルを示しました。このサイクルで活動を進めていくことで目標とするウェルビーイングに近付いていくという考え方です。

　理科の学習でよく扱われる問題解決活動には、AAR サイクルを促す場面が数多く存在します。しかし、試行錯誤を繰り返しながら"新たな知識やきまりを発見する"という学習スタイルを踏襲するだけでは効果が薄いです。なぜならば、子供が解決に失敗したと気付いたとしても、解決に導くのに必要な知識や技能がまだ習得されていないからです。解決に必要な知識・技能が備わっていないのに活動をするので、解決に至らない可能性が高いです。このような活動では AAR サイクルは機能しません。振り返っても、適切な解決方法を見いだせないからです。その結果、解決活動を体験しても理解不足になったり、意味が分からず納得できなかったりする子供が多く存在します。AAR サイクルには価値があるといえども、単に解決活動を体験させるだけでは、その価値を子供は実感できないのです。

　したがって、子供が主体的に取り組み、自ら AAR サイクルを回して解決に至るためには、解決する課題に対して必要な条件があると考えます。

　　・問題解決に至るために必要な知識・技能は習得済みであること
　　　（場合によっては、活動直前または途中で教師が指導することも含む）
　　・自身の「分かったつもり」に気付いている（問題に気付いている）こと
　　・解決への見通し（目的と方法）を意識できていること

　これらが揃うことによって、AAR サイクルが動き出し、活動に主体的に取り組むことができます。活動を始める前に、解決活動に取り組む子供にこれらの条件が揃っているのかどうか、子供自ら AAR サイクルを動かすことができる状態かどうかを教師が見極めて活動をスタートさせることが重要です。それらのポイントから考えると、AAR サイクルが効果的に機能する最適な場は、習得した知識・技能を活用させる場となる「活用場面」だと言えます。

○AARサイクルが機能する活用場面の授業例
（5年「ものの溶け方」）その1

　問題解決活動においてAARサイクルが効果的に機能するには、「振り返り」が重要なポイントとなります。振り返りの際に、解決に必要な知識や技能を習得済みであるからこそ、その知識や技能を活用させてみようという「見通し」が出てきます。具体的な事例を紹介します。

①活用課題の提示（単元終末にて）

　「ものの溶け方」の学習を通して知識や技能を習得した段階で、次のような課題を出します。「ここに、食塩、砂、ミョウバンの3種類が混ざった粉があります。この粉からミョウバンだけの状態にしてください。ただし、ミョウバンの量は問いません。」

②「見通し」を意識して方法を考え「実行」

　ここでは、混ざった粉を分別することを求められます。だから、粉を水に溶かして濾過をしようとします。ところが、低い水温のまま濾過をすれば、砂と一緒に多くのミョウバンも除かれてしまいます。砂にばかり意識がいくと肝心なミョウバンまでが取り除かれることに気付かない子供も出てきます。濾過という技能は妥当ですが、ミョウバンの溶け方まで意識した見通しがもてるかどうかが、ポイントになります。

　また、ミョウバンの結晶を取り出す方法は、「冷却」または「蒸発」が考えられます。どちらの方法でも実現可能なのですが、「ミョウバンの結

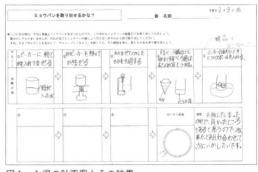

図1　A児の計画案とその結果

晶だけ」という条件をクリアしようとすると蒸発は不適切です。液を蒸発させれば食塩の結晶も出てきてしまうからです。冷却を選ぶ方が適切です。ところが、飽和状態になっていないと液体を冷やしても結晶は析出しません。技能と知識の意味理解が問われる場面となるでしょう。

　子供は、自らの「見通し」にしたがって、習得した知識や技能を活用し、問題解決活動を「実行」します。

③活動を「振り返る」

　解決に必要な知識や技能が習得済みでも、この課題は意外と成功しません(図1参照)。見えていない条件があることに気付かないからです。しかし、一度失敗することで「振り返り」が生じ、見えなかった条件に気付きます。それは、習得済みの知識や技能について、改めて丁寧に振り返るからです。

　例えば、もらった粉はすべて水に溶かそうという意識が働くので、多くの児童は大量の水に粉を溶かします。逆に、失敗に備えて粉を半分しか溶かさないグループもあります。いずれも水に溶けているミョウバンの割合が僅かで薄い水溶液になってしまい、飽和状態を作り出すことができていません。

　手順やその目的は妥当ですが、水温や水の量とミョウバンの溶ける量との関係を意識していなかったからです。「見通し」が甘かったわけです。実際にやってみたことで「振り返り」が生じ、自身の分かったつもりに気付いて手順を変更していくようになります(図2参照)。

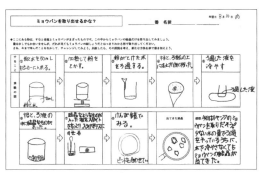

図2　A児の修正案とその結果

④再挑戦タイムの設定（教師の指導や協働的な学びも重要な働き）

　ミョウバンを十分に溶かすには、少量の湯に多くの粉を溶かすことが重要です。自ずと手順も違ってきます。ここには失敗から学んだ「教訓」が生きてきます。失敗を振り返り、2度目には成功することによって知識と技能の意味理解が図れます。ここで教師から解決へのヒントを出したり、情報交換を促す協働的な学びを促したりするとよいです。より確かな見通しをもってAARサイクルを回すことができるからです。日常生活の問題場面でも、原理原則に立ち戻って条件を十分に検討し実行することの必要性を実感できます。

　AARは座学では身に付きません。やってみた結果、使える知識や技能に高めることができます。問題解決活動が適切に機能する条件を踏まえ体験することで、エージェンシーを育成できるのが理科という教科です。

第 3 章

ウェルビーイング
を取り入れた
理科授業

(1)

「脳死」は人の死か?

ウェルビーイングの視点

　私たちが実社会の中で直面する問題には、明確な正解がないことが多いものです。例えば、紛争問題、経済問題、環境問題等の構造は複雑の一途をたどり、「ああすればこうなる」式の打開策では歯が立ちません。

　また、死刑制度やクローン技術の是非、原子力発電所の問題にしても正解はありません。そこで必要となるのが、賛成、反対それぞれの視点に立って議論する過程で、自分が納得できる「納得解」をもつことです。

　そのような態度は、社会生活を営む市民である私たちとって必要な資質・能力です。さらに、ウェルビーイングの定義にある「幸福で充実した人生を送るために必要な、心理的、認知的、社会的、身体的な働きと潜在能力」の育成につながるものと考えます。

○単元の概要 （全9時：理科2時＋保健5時＋道徳2時）

　本単元では、理科で学習した「生命を維持する働き」をもとに、保健教育、道徳科との教科横断的な指導を図り、「脳死・臓器移植」に対する考えを子供自らが構築していく過程で、「命」の尊厳と「生きる」ことの価値を見いだすことをねらいとしています。

　物事の本質は多面的であり、相反する対象との比較によって浮き彫りになっていきます。理科教育で扱う「生命を維持する働き」もまた、「死」との比較によって多面的な理解へと深化させることが期待できます。

　まず、理科の学習では脳（神経系）の内容を加え、「脳死・臓器移植」について、脳の機能的な視点から理解させていきます。次に、保健教育では、レシピエントとドナー双方の視点で考えることで、「臓器移植」に対する自分なりの考えを構築させていきます。さらに、道徳科との連携により、自分の生き方（生きることの意味）について、多面的に考えさせていきます。子供たちは、学びの過程で「脳死」が人の死と言えるのかを考えていくことになります。

○ 本時のポイント

前時では、自律神経の働きによる消化・呼吸・循環の機能が、主に間脳や脳幹によってコントロールされていることを学びます。次に、脳について子供が知っていることを拡散的に発表させ、マッピングを使って整理しておきます。

本時では、まず、動物の幼生（ブタ・カメ・イルカ・ヒト・イヌ）の姿がそっくりなのは先祖が同じであることを意味しており、本当は似ているところがたくさんあることを確認します。そして、似ているところを紹介し合いながらマッピングしていくと、似ているところとは「生命を維持する働き」そのものであり、死が訪れれば全てが失われることが分かります。

その中でも、呼吸停止・心拍停止・瞳孔散大という「死の三徴候」によって医師は「死」を判定していることを知らせます。ところが、呼吸や心拍があったとしても、臓器移植を前提として「脳死」と判定されることがあることを、ゲストティーチャーの学校医に解説していただき、子供たちの「脳死・臓器移植」問題に対する関心を高めていきます。

○ 対話のポイント

問題の当事者であるレシピエント（臓器移植を希望している患者と家族）とドナー（移植のための臓器を提供する患者と家族）双方の視点から考えることが、本時を含めた単元全体における対話のポイントとなります。

例えば、家族の一人が、臓器移植をすれば命が助かると診断されたとします。多くの人は移植を希望するに違いありません。しかし、家族の一人が脳死と判定されたとしたら、たとえ患者本人が臓器移植に同意していたとしても、すぐに臓器提供に賛成してよいのか迷うでしょう。そのような葛藤場面に児童を立たせたとき、「脳死・臓器移植」が抱える様々な問題を自分事として捉えさせることができるはずです。

また、いたずらに対立構造をつくることなく他者の考えにも耳を傾け、自分と違う考えの他者との落とし所（共通了解可能性）を探り、自分にとっての納得解を見いだそうとする対話が成立したとき、ウェルビーイング育成の可能性が見えてくるに違いありません。

本時の展開

展開 1 幼生の比較

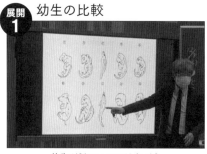

幼生が似ているのはなぜ？

展開 2 似ているところマップ

人と動物の似ているところマップ

動物の幼生（ブタ・カメ・イルカ・ヒト・イヌ）の画像を提示し、どれが人か予想します。正解を知らせた後、さらに時間をさかのぼった姿を確認します。すると、ほとんど区別がつかないほどそっくりであることに子供たちは驚きます。

「どうして？」という疑問や、「ご先祖様が同じだからじゃないの？」という声が出てきます。ここで、祖先が同じため、人と動物では似ているところがたくさんあることを子供たちに伝えます。

人と動物の似ているところを3人ほど指名して発表してもらいます。イメージが広がったところで、自分の考えをノートにマップで整理します。意図的指名で何人かに黒板に書いた後は、誰でも自由に書き込んでよいことにします。

完成したマップを改めて確認すると、人と動物の似ているところのほとんどが、これまで学習してきた「生命を維持する働き」そのものであることが分かり、既習事項の復習にもなります。

●子供の姿から見えてくるウェルビーイングの可能性

　本時の授業は、その後に展開する「保健教育」と「道徳教育」との教科横断的な指導を前提として設定しています。

　本時の理科授業は、指導のスタート部分であり、「死」の視点から見た「生命を維持する働き」の多面的な理解を促すこと、さらに「脳死・臓器移植」についての関心を高め、保健教育へ、さらには道徳科の指導につなげていくことが大切です。

　人には必ず「死」が訪れ、誰も逃れることができません。しかし、命に限りがあるからこそ、すべての命には尊厳があると言えます。人の「死」を学ぶこと、「脳死・臓器移植」の現状を学ぶことは、「生きること」の価値を学ぶことそのものなのです。そして、様々な立場の人たちが共に幸せになるための共通了解可能性を探ろうとする態度もまた、ウェルビーイングそのものと言えます。

展開3 死の三徴候

死の三徴候とは？

生命を維持する働きは多岐にわたります。しかし、医師はそれら全てを確認した上で「死」を判定しているわけではありません。何らかの基準があるはずです。

そこで、ドラマを視聴し、医師が何を根拠に死を判定しているのかを調べました。すると、心拍の停止、呼吸の停止、瞳孔散大の3つであることが分かります。

ここで学校医の先生に登場していただき、「死の三徴候」について、教師との対話形式で解説していただきました。

展開4 脳死の仕組みと条件

脳死とは？

教師から、次の問題を提起します。「心臓が動いていても、人工呼吸器で呼吸をしていても、『死』と判定されることがあります。どんなときですか？」

子供から「脳死？」「脳死って何？」といったつぶやきが出てきました。

そこで、学校医の先生に、「脳死」とはどういうことか、「臓器移植」を前提としたときにだけ「脳死」の判定が行われ、脳死した人から臓器がレシピエントに提供されることを解説していただきました。

COLUMN ☞「命の授業」は早すぎる？

人の「死」を小学校の学習内容として取り扱うことに対して、死への恐怖をいたずらにあおってしまうのではないかという批判があります。そのような考えは学校現場にも根強く残っており、「命の授業」の実践になかなか踏み出せない教師が多く存在しています。特に、養護教諭の先生方の中には、管理職や同僚の同意が得られず、実践を断念せざるを得なかったという声をよく聞きます。

しかし、「脳死・臓器移植」を含めた命の授業は、小学校高学年であれば早すぎることはありません。事実、これまでの実践を通した子供の感想文やいただいた保護者からのご意見を見る限り、学習を通して自分の命の大切さを実感した子供が大多数です。

もちろん、ここで言う子供の考えとは、現時点のものであり、今後の学びや生活の中で得られる情報をもとに変化し続けていくものです。

(2)
骨コツつくろう丈夫なからだ

```
ウェルビーイングの視点
```

○人の手でできることは、他の動物と比べ、たくさんあることに着目で
　きるようにします。普段意識せずに使っている手のつくりと機能に着
　目することによって、手の素晴らしさを自覚し、自分を大切にしなが
　らよりよくあろうとする姿につなげることをねらいとします。

○多様な学び方と、そのよさに気付く場をつくります。他の動物の手に
　ついて、本やインターネット、また飼っている動物を参考に調べたこ
　とを紹介する機会を設けます。ここで友達と自分の調べ方を比較する
　ことを通して、自分の調べ方を振り返るとともに、新たな調べ方を知
　ることができます。今後、調べ学習をする際に、見通しをもって自ら
　学習を進められるようにします。

○自分の生活を見直し、より安全で健康な生活を目指せるようにします。
　そのために、保健での学習内容と関係付けて、人体（特に骨）を軸に
　した教科横断的な学習をします。理科の学習で適切な知識を習得した
　後、保健の学習で生活を見直すことにより、責任ある有意義な行動を
　とる（生活をする）ための方向性を見いだすことをねらいとします。

○単元の概要（全10時）

　　第4学年「人のからだのつくりと運動」の学習では、骨や筋肉のつくりと働
きに着目しそれらを関係付けることで、日常生活やスポーツをする際など、様々
に体を動かすことができるのは、骨と筋肉の働きによることを捉えていきます。
　　ここでは、人と他の動物の骨や筋肉の比較することで、それぞれの特長をつ
かんでいきます。二足歩行をするヒトと、四足歩行の他の動物とを比較すると、
足の骨のつくりや骨盤などが異なることに気が付きます。また、鳥の羽は人の
うでや手にあたります。しかし、翼を動かして空中を飛行するものと、人の手
では、役割が異なるため、つくりも大きく異なります。動物それぞれの生活に

合った骨や筋肉のつくりになっているわけです。

　モデル（簡単な模型）を作るなどして、皮膚に覆われた内側の様子に着目することが理解の助けになるでしょう。

○ 本単元のポイント

　直接触ったり見たりすることのできない骨や筋肉について、そのつくりと働きをいかに理解できるようにするかがポイントとなります。そのために、骨についてはスケルトングローブ、筋肉については腕のモデルを、身近な道具を使って作り、動かすことなどを学習に取り入れます。他にも視聴覚教材を用いるなど、様々にアプローチすることが考えられる単元です。

　他の動物の骨や筋肉については、博物館などでの見学も想定できます。動物ごとに骨のつくりは多様であるため、全身の骨に着目して人と比較しようとすると、情報過多になりがちです。本展開では「手の骨のつくりと働き」に着目しましたが、動物ごとの特色（うさぎであればジャンプするときに使う足、鳥であれば飛ぶときに使う羽など）に合わせて調べることも考えられます。

　本単元では、動物によって骨の形（つくり）や機能は多様であるものの、骨や筋肉によってからだを動かすという共通点を見いだすことができます。「共通性・多様性」の見方が働くということです。子供がこの見方を働かせた際には価値付けるなどして、よさを自覚できるようにしておくとよいでしょう。

○ ICT 活用のアイディア

　本展開での調べ学習において、1人1台端末の利用が大いに期待できます。人の手と他の動物の手を比べる際には、骨のつくりが紹介されているページがあります。一方で、インターネットを中心とした調べ学習での注意点を子供が理解しておく必要があります。インターネットには誤った情報もある、ということです。信頼できるホームページか否かということを確認しながら調べていくことで、適切な情報を取り出すことができるようにしたいです。

　さらには、インターネットだけに頼らず、様々な調べ方を用いて総合的に考えていけるとよりよいでしょう。ただし、この学び方それ自体が、自分の方法を見直し、よりよいものへ改善していくというウェルビーイングの視点が欠かせないため、子供自身が他者を参考にして自己を振り返ることが大切です。自分が調べたことを紹介し合う場面にも、ICT が活用できます。

本時の展開

スケルトングローブをはめた子供たち

学習の入り口は「手の骨」に絞ります。骨の数や形が分かりやすく、触って調べることができるためです。「手の骨は何本あるか」を調べます。自分の手の骨のつくりを絵で表した後、レントゲン写真により確認します。その後は、スケルトングローブ作りです。ポリ手袋をはめ、曲がる部分には丸シール、骨の部分にはストローを貼り、手の骨のつくりを再確認しながら理解していきます。

森田和良『秘伝 森田和良の理科教材研究ノート』(学事出版)

木につかまるコアラ
(国立科学博物館 特別展「毒」にて撮影)

「人の手でできること」はたくさんあります。鉛筆や箸をもつ(物をもつ)、はさみなどの道具を使いこなす、さわる、洗う…などが、子供たちからも挙がります。そこで、人の手でしかできないことに視点を移していきます。図書やインターネット資料、動物園の飼育係へのインタビューなど、それぞれの子供たちが調べてきたことをもとに考えていきます。

サルの手のつくりは人と似ていることに気付くでしょう。

●子供の姿から見えてくるウェルビーイングの可能性

1人1台端末に慣れ親しんだことで、調べ学習というとパソコンを開く子供が増えています。本実践においても、はじめにパソコンで調べる子供が多かったです。次に多いのは図書室でした。動物の手のつくりと働きについて調べることは、授業内で終えずに家で資料を集めてくる期間を設けました。これにより、さらに自分の家で飼っている犬の手について調べたり、家の近くの図書館で資料を集めてくる子供がいました。学校内に留まらず、学校を離れても、自ら進んで情報を集める姿は価値付けたいです。そこで、紹介の場を設け、他者の学び方に気付けるようにしました。学び方は多様でよいです。しかし、自分の方法に固執するとせまいものになります。調べ方とその内容の共有により、よりよい学び方に気付くところに、ウェルビーイングの可能性があります。

展開 **3** 他の動物の手

パンダの手について調べる様子

展開 **4** 骨は折れやすくなった?!

骨をつくる食べ物をまとめる様子

人の手と動物の手について「骨のつくりと手でできること」を中心に比べます。ここでも調べ学習が中心です。

指の本数や骨の長さ、動き方の違いなど、見つけたことを紹介し、友達の調べ方と比較しながら必要な情報を集め、一人一人がまとめていきます。

〈調べ方〉

・学校で飼っているうさぎや、家で飼っている犬や猫などを調べる

・図書やインターネットで調べる

※以下は「保健」の内容

近年、子供の骨折が増えているのはなぜでしょうか。子供たちに聞くと、生活習慣や食生活の変化、また環境の変化が挙がります。トイレが和式から洋式に変わったことなどを知っている子もいます。

運動や食事、睡眠などの骨を作る視点や、環境の変化への対応などの骨を守る視点に立ちながら、自分の生活を見直していきます。ここでも互いに調べたことを紹介し合います。

COLUMN ➡ ウサギの骨の話

飼育のしやすさから、多くの学校で飼われている動物として、ウサギがあげられます。しかし、ウサギは骨折しやすい動物と言われています。それは、他の哺乳類と比べ、全体重における骨の占める重量が7〜8%と低いためです。（ヒトは約18%、猫は約12%程度）これは、空を飛ぶ鳥とほぼ同じ数値です。ウサギは、外敵から逃げるために軽くなったと言われています。実際、飼育小屋から逃げたウサギを捕まえるのに苦労した経験がある方も多いでしょう。

子供たちはウサギを大切に世話したり、抱っこしてケージに移したりしています。人よりもはるかに骨折のリスクを抱えるウサギについて詳しく知ることで、お世話の仕方が変わることが期待できます。適切な知識を得ながら委員会活動の場などを利用して、学校全体に周知し、より一層大切にすることができるとよいでしょう。

(3)

防災から減災へ

ウェルビーイングの視点

　VUCA（Volatility（変動性）、Uncertainty（不確実性）、Complexity（複雑性）、Ambiguity（曖昧性）の時代、答えを出すのが難しいことに対しても答えを出す力が求められています。自然災害の減災についても、生態系の再生や保全といった環境配慮の視点と災害を減らすための治水対策、農業への影響など、多くの相互関連を考慮し、問題に向き合う力が求められます。本項ではウェルビーイングの視点として、答えを出すのが難しいことに対して答えを出す資質・能力の育成に焦点を当てます。

※本章で取り上げる教育実践は日本理科教育学会の学会誌「理科教育学研究」に掲載された、佐藤・藤岡（2022）にその後の検討を加えたものです。

○単元の概要（全19時：理科14時＋社会5時）

　第5学年「流れる水の働きと土地の変化」では、水量の違いによる土地の変化の様子について学習します。下図は、本時で活用した教材です。青色の磁石シートは川、赤色の磁石シートは市街地、緑色の磁石シートは自然を表しています。他に、遊水地などを示す磁石シートがあります。社会科では、森林資源が果たす役割について調べる活動で使います。これら、教科を横断した知識・技能をもとに、5人程度のグループで、決められた金額の中で青色（川）を赤色（市街地）に変えるなどの治水事業を行い、災害に強い持続可能な街をデザインする活動を行う授業です。

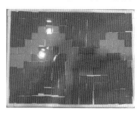 

左：ホワイトボードに赤色と青色の磁石シートを貼ったもの
右：赤、青、緑の色の磁石シート、堤防と水門、遊水地のイラストが貼ってある磁石シート

本時のポイント

　教材活用時のルール（設定）を概説します。100N の資金で、災害に強い街
をデザインします。N というのは、ここで使用する貨幣です。ホワイトボード
の 1cm は実際の 10m です。中流から下流に位置する場所に、多くの人が住む
予定です。川は、それほど高くない堤防で囲まれています。災害を減らすため
の工事や設備の設置には、お金（N）がかかります。水門が 1N、遊水地が
70N、スーパー堤防が 4N です。赤・緑の磁石シートを青色の磁石シートに変
えるには、1 つの磁石シートにつき 4N の費用が必要です。青色の磁石シート
を赤・緑の磁石シートに変えるには、1 つの磁石シートにつき、4N の費用が
必要です。赤い磁石シートを緑の磁石シートに変えるには、1 つの磁石シート
につき、1N の費用が必要です。川の流れを止めることはできません。このよ
うな設定の中、グループで相談し、持続可能な街をつくります。

　本授業では、経済とのバランスも考慮しながら、科学的な根拠をもとに、答
えを出すことが難しい、対立する関係にある事柄にも目を向けて、自らの考え
を伝え合い、コンセンサスを得る資質・能力の育成が期待できます。

ICT 活用のアイディア

　本単元では、校庭に作成するスケールの大きな流水実験場で定性的な実験を
行い、大雨が降ることで、土地の様子が変わることなどを理解します。また、
教室で定量的な実験を繰り返し、実際の自然の事物・現象に当てはめながら妥
当性を検討します。その際、実験の様子を動画で記録し、自分のフォルダの中
に保存させ、話し合いの場面において、理科や社会の授業で記録したノートと
ともに、自分の考えを説明するための資料として用います。これにより子供は、
科学的な根拠をもとにして、なぜ自分がそのように考えたのか、友達や教師に
説明する力（アーギュメント・スキル）を付けることができます。

　また、本時で取り扱う、持続可能な街づくりの活動には、「自然豊かな街が
よい」や「たくさんの人が住めるほうがよい」など、個人の幸福の価値観に応
じて、答えのない多様な意見が出されることが予想されます。このような中で
もコンセンサスを得る力を育成することも本教材を活用した授業に期待したい
ことです。

本時の展開

展開 1 知識・技能の蓄積

埼玉県立川の博物館の展示

　教科横断的な学習の充実には、各教科の順序性や体系性を考慮した中で、適切なカリキュラム・マネジメントを行う必要があります。写真は埼玉県立川の博物館にある、人工河川域の地形と自然についての解説です。子供は第4学年時に社会科見学で訪れました。この知識が、第5学年「流れる水の働きと土地の変化」の学習にもつながります。実際に、本時でも自然を増やして遊水地の役割をもたせようとした意見が出されていました。

展開 2 自分の考えを説明

実験動画をもとに、自分の考えを説明する

　妥当性を検討するためには、グループの一人一人が、自分の考えの根拠となる資料を示し、それをもとに説明し合い、互いの考えを理解する力が求められます。子供は「川幅を広くする必要があるのはなぜなのか」「なぜここに堤防を設置するのか」などを、実際に行った実験の様子やデータをもとに説明しています。また、これを効果的に行うためには、必要な資料を選択する力や資料を整理する力などの、情報活用能力も求められます。

- -

●子供の姿から見えてくるウェルビーイングの可能性

　ウェルビーイングに必要な変革型コンピテンシーの内、"緊張とジレンマの調整" は、競合する要求の中でバランスをとって考える資質・能力です（OECD、2019）。本時の活動は、災害に強い、持続可能な街をデザインするといった明確な答えを出すことが難しい問題について答えを出す活動なので、"緊張とジレンマの調整" の育成が期待できると言えます。

　教材を活用した子供の会話を見ると、環境保全、減災の効果、さらには住みやすさなども考慮に入れて活動していました。また、獲得した科学的知識をもとにして、説明を行い、グループ内でコンセンサスを得ていました。各教科の学習原理に基づいたカリキュラムの下、積み重ねた知識を新しい場面や文脈で活用することにより、実社会を近似的に捉えることができます。これにより、実社会において活用できる資質・能力になることが期待できます。

展開3　根拠をもとに表現

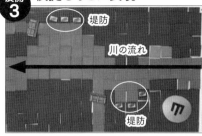

科学的な根拠をもとに表現した治水事業と
街づくり

上図の街づくりを行ったグループでは、堤防の設置について「流れが遅くなれば、こっち側に流れがよるんだから、こっち側にも付けたほうがいいのかな」という発言をしていました。理科で、流水実験を通して学習した知識をもとに、災害を減らすための手立てについて考えています。そして、考えたことを治水事業に表現しています。答えを出すのが難しいことを議論する際には、根拠となる科学的知識を活用することが求められます。

展開4　幸福の価値観を表現

子供のもつ幸福の価値観が表現された
持続可能な街づくり

上図の街づくりを行ったグループでは、「安全な公園がここにあるとして、洪水に対しても安全なものをつくるんだよ。こっちに公園を置くとすると」「何も進まないから、とりあえず何かをやっていこう」と発言しています。住みたい街を思い描きながら主体的に学習しています。災害を減らすだけではなく、持続可能な街づくりといった広い視点で問題を捉えたときに、多様な価値観が表出されます。

COLUMN ▶ 災害遺構の活用

　毎年3月11日を「防災教育と災害伝承の日」に制定することが提唱されるなど、災害の教訓を伝承する取り組みが行われています。これら、教訓を伝承するものに「災害遺構」があります。災害遺構とは、過去に災害で被害にあった人たちが、その災害からの教訓を将来に残したいと意図して残された（保存活動が行われてきた）構築物、自然物、記録、活動、情報等のことです。例えば、東北地方太平洋沖地震（東日本大震災）で大きな被害を受けた仙台市立荒浜小学校は、現在、震災遺構として、震災の教訓と地域の記憶を後世に残す施設となっています。白井（2020）はエージェンシーの概念は、自分事として捉える内容等と重なると述べていますが、災害を経験したことがない子供が災害を自分事として捉えることはとても難しいことです。そのための手立てとしても、災害遺構を活用した教育内容、教材の開発が期待されます。

(4)

命に真摯に向き合う

ウェルビーイングの視点

　理科は、命と結び付きが深い教科です。命に関連する多くの内容を扱っています。命を大切にすることで、より幸福度が高まり、ウェルビーイングにつながると考えられます。しかし、メディアなどを通して、命を軽く扱う場面に直面することもあるでしょう。ともすれば、子供たちが命を軽く扱い、真摯に向き合わない可能性もあるのではないでしょうか。本時では、命が大切だということを実感を伴って理解する活動を通して、子供たちは命に真摯に向き合います。本項では、その一場面を切り取り、改めてウェルビーイングの視点で整理していきます。

○ 単元の概要（全 27 時）

　第3学年「身の回りの生物」では、複数の生き物を飼育・栽培します。植物の学習では、教科書においてホウセンカやヒマワリを教材として用いて、複数の植物を比較しながら学習を進めていきます。複数の生物を提示することで、問いが生まれ、学習に主体性・必然性が生まれます。飼育・栽培することを同時に行うことで愛着が生まれ、「自分たちが大切にしている生き物」という認識が生まれます。さらに、観察の際、仲間と協力することを通じて、命の大切さを実感しながら学習を進めていきます。この単元では、間引くことで、その後の成長に大きな違いが生まれることにも気付く場面があります。その際、第6学年「植物の養分と水の通り道」の学習において教材として実験に植物が必要となることを伝えます。6年生が学習で使いたいという思いと間引きしなければならないという葛藤を教師がコーディネートすることで、お互いによい関係となり、深い学びに結び付くと考えられます。

本時のポイント

　本時では、植物の観察の活動を行います。観察において、正しい考察を行うためには、正確に記録する必要があります。そこで、観察する際、描画法を取り入れました。毎日、一生懸命愛情を込めて水やりを行う子供に実物を見せずに、記録させます。その後、クラスで共有しました。同じ植物の観察であるにもかかわらず、多くの差異点が存在します。子供が問題を見いだし、観察するポイントが整理されます。子供に、本物を見たいと思わせる工夫をしました。ホウセンカとヒマワリの比較についても子供は興味をもち観察しますが、自分の想像でかいたホウセンカと実物を見てかいたホウセンカの違いについても比較することで、理科の見方・考え方を働かせるよさに気付き、事物に真摯に向き合う姿勢が見られるようになりました。過去の自分と成長した自分との比較であるため、よりよくなったことに自信をもち、今後7年間の理科学習での観察についても理科の見方・考え方を働かせるなど真摯に向き合う姿が予想されます。

ICT 活用のアイディア

　ICT の活用については、子供の観察記録について全体で共有する場面での活用が考えられます。一人一人が記録した内容を全体に共有する際、授業支援ソフトを用いることで、提出や集約が簡単にできます。また、比較させたいものを拡大し、子供に提示することで、葉の形など、子供たちに気付いてほしい点や観察する視点を共有することができます。それらを比較することで、問題を見いだすことに効果をもたらしました。クラスメイトの観察記録がよくなったことを全体の前で提示することで、ほめられ自信につながる子供もいました。まとめの際や、振り返りなど、共通する点を子供に考えさせる際も、効果的に活用できました。

　また、スタディログとして保存することで、別単元でも、その記録を見ることで、改めて観察することの大切さやポイント、命への学習の真摯さについて思い起こし、探究のスパイラルとして活用することが考えられます。

本時の展開

展開 1 事物との出合い

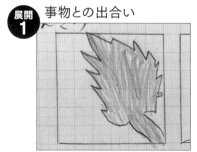

最初に記録したホウセンカの葉

展開 2 観察1

ホウセンカの葉を実際に見ながら観察した記録

ホウセンカに毎日水をあげていることを確認します。ホウセンカやヒマワリ、モンシロチョウを大切に育てていること、命を大切にしていることも同時に価値付けます。そして、観察せずに、ホウセンカをかかせます。隣の子供やグループとかいたものを見せ合いますが、様々なホウセンカの葉があります。教師が、思い描いたものと実際はどうだったのかと問いかけ、子供の思いをゆさぶることで、実際に見たいと思わせます。

実際に本物を見てかいている子供は真剣そのもので、真摯に活動に取り組んでいました。「●●さんの言っていたとおり、葉がギザギザだ」「茎に近くなると細くなっているね」など、具体的な視点をもち、友達とともに協働しながら観察していました。また、最初に記録したホウセンカと比べながら記録したことで、「ぼく、上手になったと思う」と自信にあふれた発言をしていました。

●子供の姿から見えてくるウェルビーイングの可能性

　本時では、観察した内容を、子供同士でアドバイスする場面を設定しました。友達のよいところを積極的に見つけることを第一にするよう確認をしてから、活動に取り組みました。自分の記録した内容について、不安に感じている子供が多いことが予想されるため、認められる活動を繰り返すようにしたところ、自信につながっている様子が見られました。さらに、ほめられ認められたことから、別の友達のよい記録をほめていました。この活動では、正しい記録ができるようにするためのアドバイスが多くなりますが、ほめられることが前提にあるため、助言を素直に受け止める場面が多く見られました。教師もそのアドバイスする様子に加わり、よいところを見つける声かけや、一人一人の新しい可能性を見取る姿など、協働エージェンシーが働いている様子が見られました。

展開❸ 観察2

本物を見て記録したホウセンカの葉についての
特徴を子供から聞き取る場面

記録した内容を友達と比べ合いなが
ら、自分の記録をよりよくする活動を行
いました。最初にかいたものと比較する
視点以外にも、色や大きさの違いに気付
く子供がいました。さらに、友達と自分
のホウセンカでは成長のスピードが違う
が、葉の形はどれも同じといった、共通
性・多様性の視点をもった観察を行うな
ど、見方・考え方を働かせることにつな
がりました。

展開❹ 6年生との交流

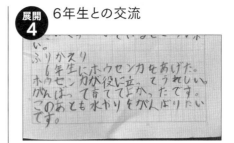

6年生への思いの振り返り

植木鉢には、初め5つの種を植えまし
た。しかし、成長するにつれ、このまま
だと元気に育たないため、間引く必要が
あることを伝えます。中には、これまで
大切に育ててきたホウセンカを引き抜く
ことについて抵抗がある子供もいまし
た。そこで、間引いた後のホウセンカを
何かに使ったり別の方法はないか一度考
える時間を設けました。別日に、その後、
6年生から授業で使いたいという提案が
あったことを伝えます。

COLUMN ☞ 大切な命をもらって行う学習

　　第6学年「植物の養分と水の通り道」の学習において、道管の様子を観察す
る際には、「誰かが用意した知らない植物」ではなく、「3年生からもらった植
物」であったため、切ったり観察したりする際、教材である植物を大切にしな
がら学習をしていました。少しでも多くを学ぼうという気持ちを授業中に感じ
ました。学習後には、植物の命をもらって学習をしていることについて感謝を
述べていました。ここで教師は、3年生の思いと6年生の思いをつなげるコー
ディネータの役割を果たしていました。その後、6年生は「生物と環境」の学
習においても、食物連鎖に直接関わりがない生き物たちについても命を大切に
することへの思いを巡らせ、学習と結び付けて学びを深めることができていま
した。一つの交流が多くに派生した取り組みとなりました。

STEM 教育で垣根を越える

(1)

ウェルビーイングの視点

　STEM 教育では、Science Technology Engineering Mathematics の 4 つの分野を中心にして教科等横断的な学習を行っていきます。その目的は、これからの社会を生き抜くために必要とされる資質・能力の育成です。

　理科の学習に、この STEM 教育を取り入れていくことで、理科教育で重要な目的となる科学的な創造力の育成をより充実させていくことができるのではないでしょうか。

　そして、この科学的な創造力は、ウェルビーイングの定義にある「幸福で充実した人生を送る」ために、重要な役割を担うものでもあると考えられます。

○ 単元の概要（全8時）

　第 6 学年「てこの規則性」の学習では小さな力で大きな力を生み出すことができるてこの原理の魅力に迫っていくことになります。

　まず最初に、鉄棒を使って、支点から近い距離に物を置いたり、支点から遠い距離で力を入れたりすると、小さな力で重い物を持ち上げることができることを実感します。次に、てこ実験器を使い、てこの原理を定量的に追究し、理解を深めていきます。ここでは、左側のうでの支点の近くにおもりを固定し、右側のうでに吊すおもりの重さと支点からの距離が反比例の関係にあることを理解できるようにします。

　ここからの活動が本時になります。てこの原理を学習したからこそ見つけることができるハサミの巧みさを追究していきます。紙を切る位置によって力の入れ具合が変化すること、多くのハサミは支点から手で持つ位置が 6、7 cm であることに気付き、その理由も追究していきます。

　最後に、てこの原理という視点で様々な身近な道具を見る活動を行います。

○ 本時のポイント

本時では、てこの原理を学習したからこそ見えてくるハサミの巧みさに迫っていきます。

この活動においては、どのグループにも2つのハサミを用意しました。そして、日頃使っている各自のハサミも持参するように伝えて、各グループ最低3つのハサミを比較することができるようにしました。ハサミの共通点を見つけ出しやすくするためです。

ハサミの刃の位置によって、切るときの力に違いがあることと、どのハサミも刃の支点から手で持つ位置の長さが6cm近くになっていることに気付くことができるように学習環境を設定しました。てこ実験器を使った実験で、支点からおもりまでの距離が1から2にすると、平行を保つためのおもりの重さは、60gから30gまで変化します。ここでは反比例の関係があるので、支点からの距離が遠くなるほど、おもりの重さの変化は小さくなります。作用点と支点の距離：支点と力点の距離＝1：6近辺が、効率的な距離であることに気付くことができるようにしていきます。

○ 対話のポイント

3つ以上のハサミを見比べながら、その構造の巧みさに気付くことができるようにすることが本時のねらいです。これまでの学習を生かして考えることになりますが、この活用は簡単なことではありません。

そこで、グループを組んで、お互いに対話をしながら追究し、それをまとめていくことができるようにホワイトボードを活用していきます。クラス全体の話し合いでは、一部の子供の活躍に偏ったり、他の子の反応を気にして発言することをためらったりすることが起きがちです。しかし、物に触れながら、数人のグループで話し合いをすると、より多くの子が、積極的に話し合いに参加することになります。友達のふとした気付きを共有したり、その気付きから新たなヒントを得たりすることができるよさもあります。

さらに、ホワイトボード上に自分たちの考えをまとめることで、自分の考えが整理できたり、分かっていないことが明確になったりするため、話し合いの必要感が高まることもあります。

本時の展開

導入の活動

ハサミから見つけたことをまとめる子供たち

ハサミで紙を切りながら、見つけたことをホワイトボードにまとめる活動を行います。

ハサミの支点からの距離によって、同じ紙を切るときにも力の強さが変わってくること、どのハサミも手で持つところが支点から6㎝ぐらいのところにあることなどを見つけ出す活動になります。

グループごとに見つけたことをホワイトボードにまとめて、黒板に貼り出すようにして、まとめを共有します。

問題提起

各グループのまとめを提示、話し合いを通して問題を見いだす

紙を切る刃の位置によって、力の強さが変わってくることは、どのグループも気付くことができます。ここで、3つのハサミがどれも同じようなサイズでできていることを見つけたグループに焦点を当てます。そして、どうして同じようなサイズでできているのだろうかという問題を投げかけます。難しい問題でもあるので、ハサミをてこ実験器にあてはめて考えられることを助言してもよいでしょう。

●子供の姿から見えてくるウェルビーイングの可能性

自然の仕組みは複合的で、実際に目で見ることができないことの方が多いです。そのため漠然と見ているだけでは、何も見えてこないし、そこに興味・関心をもつこともなく過ごしてしまうことになります。それでは、自ら問題をもち、解決しようとする子供たちの姿を見ることは期待できません。

STEM教育の要素を取り入れることで、数値化して見るよさや科学的創造力を働かせる面白さに気付くことができるようになっていくのではないかと考えています。能力の育成は一朝一夕にできるものではありません。それでも、自然の仕組みを解明し、新たな世界が見えてくる喜びを味わうことの繰り返しが、それぞれの子供の科学的創造力を育成していくのではないでしょうか。それが、これからの複雑な社会を幸せに生き抜くための重要な能力になると考えています。

展開 3　問題解決の話し合い

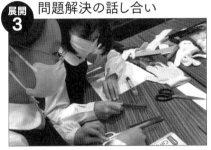

ハサミの刃の支点から持つ位置までを
測定する子供たち

　まずは、本当にどのハサミも支点から手を持つところまでが6cm近くになっているのかを各自確かめます。

　一番厚い紙を切ることができる刃の根元の位置と支点までの距離：支点から手で持つ位置までの距離＝1：6になっていることを伝えると、そのような構造になっている理由をより考えやすくなります。前時で学習した反比例の関係を思い出せるような手立てをとることも必要に応じて行うようにします。

展開 4　まとめ

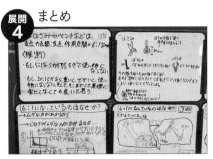

1：6になっている理由をグループごとに
まとめて提示する

　このまとめまで行うためには、2時間続きで設定したほうがよいでしょう。

　そうすれば、ハサミだけでなく、ペンチや釘抜き等、1：6の関係がある道具が数多く存在することまで見つけ出していくことができます。支点から力点の距離が短ければ、てこの原理をうまく活用することができません。長すぎても無駄が多くなり、操作がしにくくなることを理解できているかどうかが知識・技能の評価規準になります。

COLUMN ➡ 様々な道具の巧みさ

　道具の作用点と支点との距離：支点と力点との距離を測定してみると1：6の関係にあるものが多いことに気付きました。もちろん用途によって様々であり、より大きな力を必要とするバールなど、これにあてはまらない道具もたくさんあります。実際の道具では、支点と力点の距離以外に、その道具の重さも影響してきますから、重い道具ほど支点と力点の距離による影響は少なくなっていきます。そのため、バールはこの割合より長いものが多いです。

　また、実際の道具では力点や作用点も幅があります。ハサミも刃先を作用点にすれば、1：1の関係になり、刃元を作用点にすれば1：6の関係になるものが多いです。枝切りバサミは、刃の中心を作用点とすると、この1：6の関係があてはまりますが、刃が長いことでその活用の幅を広げています。

　様々な道具には、その巧みさがまだまだたくさん潜んでいるようです。

(2)
プログラミング信号機をつくろう

ウェルビーイングの視点

　ウェルビーイングの考え方を教育に取り入れることで、①子供が生き生きと学ぶことができる②多様性を理解することにつながる③ SDGs 観点で、健康と福祉を実現しようとする力を育む、等が予想されますが、今回は主に①の視点で実践報告をします。生き生きと学ぶためには、子供自身が考えたことを（たとえ間違っていてもいいから）お互いに自由に言い合える環境をつくることが大切です。1人1台端末の活用は、その可能性を広げるツールの一つとなるのではないでしょうか。

　プログラミングの活動において、何度も工夫を重ねて挑戦したり、友達と交流しながら協力し合ったりすることを通して、達成感や喜びを得られると考えられます。

○ 単元の概要（全2時）

　「プログラミング信号機」の学習は、通常は6年理科「電気の利用」の後に設定されることが多いでしょう。しかし3年生で「明かりをつけよう」の学習を行った後でも十分に取り組める学習と言えます。それらを踏まえたうえで、単元の流れを以下に示します。

① 「プログラム」「プログラミング」の意味について考える。
② 身の回りでプログラミングによって動いているものを探す。
③ プログラミングソフト（オンライン）で信号機を点灯・点滅させる。
④ 信号機キットをプログラミング操作によって点灯・点滅させる。

　この一連の学びの中で、子供同士が意見を交流したり、場合によっては協力し合うことで、ウェルビーイングの概念の中の、「ポジティブな感情」や「達成感」などを獲得していくことができると考えます。

本時のポイント

　ここでのポイントは大きく２点あげられます。１点目は「プログラミング信号機」を取り入れるねらいです。身の回りにはいろいろなプログラムで動いているものがありますが、中でも信号機は、毎日の登下校でも見かける身近なものであり、安全を守るものとして関心が高いでしょう。また、点灯時間や消灯時間を自由に変えられることも意欲を継続する一つとなります。

　２点目は子供のICTの技能差をどう埋めていくかです。プログラミング信号機で言えば、「青色の点滅」のところでしょう。いつも得意な子が苦手な子に教えてあげるとは限りません。そこで、いつも話しやすいグループで座席を構成してみました。経験上、３人だと対話が多く生まれる気がします。もちろんそのようなグループでも交流が機能しないときもあります。その場合は他のグループのところへ原因を聞きに行ってもいいし、教師に聞きに来てもいいことを伝えておきます。教師は机間指導をしながら、信号機がうまく作動しない原因が、①誤ったプログラミングのためなのか②そもそも信号機ブロックが故障しているためなのかを見取っていき、個別に支援していきます。

ICT活用のアイディア

　すぐに信号機キットに取り組ませるのではなく、まずオンライン上の信号機プログラミングソフトに取り組ませるとよいでしょう。１人１台端末で何度でも挑戦できるからです。それによって、一人一人の理解状況に応じた学びができます。また、先述したように、信号機のハード面の故障を考えなくてもよい点もメリットです。まずオンライン上の信号機プログラミングソフトに十分に触れ、「こうするとこうなるんだ」という体験を多くもち、友達と交流することにより、自分の理想とする信号機のイメージをもたせていきます。

　そのあとで、信号機のプログラミングキットを使い、実際に点灯や消灯、点滅させたりしていきます。このときに、教師は「どうしてそういうプログラムにしたのか」と聞いていきます。もし子供からその理由や、新たな工夫・修正案が出てきたら、その点をさらに称賛してあげるよい機会になるでしょう。

本時の展開

展開 1 プログラミングとは何か

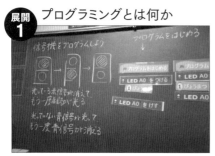

信号機の明かりがつくきまりを確認

　3年「明かりをつけよう」を学んだ後、身の回りで明かりを使っているものを探します。例えば信号機などを取り上げ、いつも同じ光り方をするのは、人が作ったプログラミングによって動いているのだということを共有していきます。そして信号機のプログラムを考えます。例えば①青色がつく②青色が点滅する③青色が消える④赤色がつく、などが出てきたら、明かりがついている時間にも目を向けさせるとよいでしょう。

展開 2 オンライン信号機を動かす

オンライン上の信号機サイトを活用

　今回は、教育出版のサイト「歩行者用信号機のプログラムを作ろう」でシミュレーションしました。サイト内のそれぞれのブロックの意味とスタート・リセットの仕方を伝えたのち、信号機を動かしてみました。原則1人1台端末ですが、子供の実態によっては2人で相談しながら1台を操作してもよいです。十分な時間を取り、もし自分の思ったとおりに作動しなければ、その原因を考え、修正するよう支援していきます。

- -

●子供の姿から見えてくるウェルビーイングの可能性

　3年「明かりをつけよう」の学習に入るまでは、最後に「明かりを利用したものづくり」を考えていました。しかし、ある子供が「プログラミングで信号機も作れるよね」と発言したことで、むしろ「子供たちの準備がラクになるのでは」と考え、プログラミングでやってみようと考え直しました。実際にやってみると、同じ信号機プログラムのサイトを利用しているせいか、子供同士で自然と対話も生まれてきました。中でもコンピュータは得意だけれども他の子と関わるのが苦手なA君が、生き生きと教えている姿に驚きました。A君にとって自己有用感が高まる活動だったのではないかと思います。また、日常生活に目を向ける子供もおり、Bさんは「学校の前の信号機と、家の近くの信号機は何秒間点灯しているのか調べたいです」とノートに記入していました。

展開3 信号機を作ってみる

信号機キットで信号機を点灯させてみる

本市ではプログラミングキットを市から借用できるシステムがあります。そこで、実際にアーテック社の信号機セットを市から借用し、実践しました。配線はテキストをもとに子供自身が行いました。プログラミングとしては、展開②で終わらせることも可能ですが、3年「回路」の学習の振り返りにもなり、直接信号機キットに触れることで、友達との交流も増えるため、さらなる意欲の向上にもつながったと言えます。

展開4 信号機の特徴を伝え合う

自分がこだわったところを紹介する

信号機のプログラミングがひと通り終わったら、自分たちがプログラミングした信号機を紹介し合います。

ここでは点灯・点滅時間に焦点を当てさせると、面白いです。大きな道路や、車が多い道路、反対に人が多い道路などによって信号機の役割が変わっていきます。子供たち自身にもその子がどのような視点で信号機をプログラムしたのか伝え合い、称賛していく中で、ポジティブな感情や達成感を獲得できるでしょう。

- -

COLUMN ☞ プログラミング教育の目的

プログラムとは、コンピュータ等に覚えさせる「手順」を示したものです。また、プログラムをつくることを「プログラミング」と言います。気を付けたいことは、私たちは「プログラマー」を育成するためにプログラミング教育を行っているのではないということです。

あくまでも、プログラミング教育を通して、子供たちが以下の力を身に付けていくようにすることが目的です。

①ものごとの要素を分解して捉える力

②ものごとを順序立てて考える力

③目的に応じて数や組み合わせなどを変え、よりよいものを生み出す力

④実生活へのつながりに気付き、活用しようとする力

(3)
子供の素朴な「なぜ?」からつくる自由度の高い授業

ウェルビーイングの視点

　OECD Education 2030 プロジェクトでは「変革を起こすためのコンピテンシー」の一つとして、「新たな価値を創造する力」が示されています。これからは、よりクリエイティブで柔軟に課題解決へと向かう能力が求められます。子供たちには、従来のような外からの学びを吸収するという受け身の姿勢ではなく、自ら学びをつくっていく能動的な姿勢を育みたいものです。学校という小さな社会でのエージェンシーの育成には、一人一人が主役として授業のつくり手となれる環境づくりが不可欠です。「Less is More（教えることは少なく、豊かに学ばせる）」の精神でこれまで以上に自由な発想や好奇心を尊重した自由度の高い授業展開を模索したいです。

○ 単元の概要（全9時）

　本校の3・4年理科では、授業のはじめに子供たちによる自由な自主学習の発表の場を設定しています。内容は理科的な事柄であれば基本的には自由。例えば「あずきバーはなぜあんなに硬いのか?」や「コロナは人を殺そうとはしていない?」など身の回りの疑問や、授業での実験がうまくいかなかった理由を考察するなど普段の学びをさらに深掘りする子供もいます。発表志願者は毎日2、3名で、意欲的に取り組んでいます。子供たちのやる気を後押ししているのは、テーマの自由度だけでなく、どんな発表も受け入れ、互いに好奇心をもって学び合う学級の雰囲気です。そして、これらの自主学習は、そこで終わりにはせずに、子供たちの素朴な疑問や発見をできるだけ授業でも取り上げ、全体の問いとして協働的に解明していく時間を作っています。一人の問いをみんなの問いとすることで、一人一人が学びの主人公として、授業のつくり手となっていく意識を高めているのです。本単元は、子供たちの自主学習から広げた実践です。

○ 本時のポイント

本実践は、第3学年「音」の単元で出された自主学習をもとに展開した探究的な活動です。この単元では①音はものの震えであること②何が震えて音を伝えているのか？という2つの科学的視点が学びのポイントとなります。本校の音の学習では、糸電話やトライアングル、サウンドキャッチャーなど、一般的な楽器や実験器具を使って上記の2つの視点について学びを深めます。そして、発展的な学習として「グラスハープ」を紹介しています。水面にはスパンコールを浮かべ、音が出ているときの水面の様子を観察し、さらに水量によって音の高さが変化することにも気付かせます。子供たちはグラスハープに興味を示し、多彩な自主学習が出されました。そこで、グラスハープの仕組みを子供たち自身に探らせる活動を試みました。全体での探究の着地点や必要な手立ては与えながらも、自主学習での議論や探究方法は、できるだけ子供たちに任せ、「Less is More」の姿勢を貫くことを意識して授業を展開しました。

○ ICT 活用のアイディア

自由な自主学習の発表の場では、どのようなテーマが出てくるかは分かりません。それらを授業で生かしていくためには、教師の絶妙なファシリテーション力が必要となります。子供の疑問は一見するとバラバラで突拍子のないものに思われますが、科学の本質をついているものがほとんどです。教師は四方にアンテナを張っておくことが大切です。しかし、誰一人取り残さずに学びの主人公とするためには、時には、こちらから子供たちが自分自身で探究したくなるような種蒔きをする必要もあります。本実践はその一例です。種を蒔く際には、いかに子供たちがこれまでの学びを生かしながら、楽しく自分なりの問題解決へのアプローチを発想できるかという点が重要です。本実践では目に見えないものを見える化する手立てとして「音程チェッカー」というアプリを利用しました。自由度の高い授業では、教具としてのICT活用ではなく、一人一人の学びの過程での不可能を可能にする活用が必要となります。

本時の展開

展開1 自主学習の共有と疑問の明確化

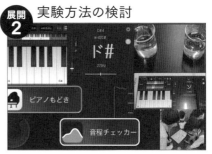

発表した子供の自主学習

グラスハープに興味をもった子供から、主に以下の2点の疑問があげられました。
(1)①グラスの形状②水の量③水以外の飲み物を入れた場合など、条件を変化させると音の高低はどのように変化するか?
(2)何が震えて音が出ているのか?

自主学習では、各々に条件を変えて調べ、様々な視点での考察が出されました。そこで、今回はグラスハープの音の高低とその原理を解明することが全体でのミッションとなりました。

展開2 実験方法の検討

音程を調べるために使用したアプリ

子供たちはグラスハープの検証には、家から色々な種類のグラスを持ち込むのがよいと考えました。また音の音程を調べる方法として、合唱を習っている子供からiPadアプリ「音程チェッカー」(音の周波数と音程を表示する)がよいとの提案がありました。安全上の理由から、今回は理科室のビーカーを使用することにし、アプリは「音程チェッカー」とともに、ピアノの鍵盤が表示されて耳でも音階を確認できる「ピアノもどき」を併用しました。

- -

●子供の姿から見えてくるウェルビーイングの可能性

検証後の考察場面では、たくさんの子供たちが必死に手を挙げ、議論が白熱していました。その様子から一人一人が探究活動に能動的に向き合う姿勢がうかがえました。最初の検証場面で、ワイングラスではなくビーカーを使用することとなったとき、ビーカーはこすっても音は出ず、グラスハープにならないことが分かりました。ここでは多くの子供が「ビーカーは飲み口が浮いていないから、こすってもガラスが震えず、音は出なくて当然だ」とつぶやいていました。しかし、代わりに鉛筆で叩いて音を出した場合には、何が震えて音が出るのか混乱していた様子でした。今回の検証ではビーカーと水の量という2つの変化量があったため、考察が複雑になっていましたが、多少難解であるほうが夢中になって考察できます。少しの魔法と子供目線での柔軟な授業展開が、探究心や創造性、その土台となるエージェンシーの育成につながるでしょう。

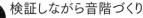

展開 **3** 検証しながら音階づくり

音階づくりに取り組む子供たち

　ビーカーを使用すると、縁をこすっても音が出ないことに気が付きました。しかし、ビーカーを鉛筆などで軽く叩いた場合にも音が出て、またグラスハープと同様に水の量を変えると音の高さが変化することを発見しました。そこで今回は、叩く場合に出る音の仕組みについて調べることとなりました。数種類あるビーカーの大きさと水の量を調整しながら、2つのアプリを使って1オクターブ分の音階づくりに挑戦しました。

展開 **4** 結果の共有と考察

きらきら星を演奏する子供

　すべての音階ができた班は好きな曲を披露し合いました。同じ大きさのビーカーを使い、水量だけ変えて8音すべての音階を作った班もあれば、50～300mLの3種類を上手に組み合わせていた班もありました。考察では、水を増やすほど音程が低くなるという点は全員一致で納得していましたが、何が震えて音を出しているのかという点は、ガラスと水という2つの意見に分かれ、議論が白熱しました。

COLUMN ☞ 探究の先にある創造性

　本実践以外で、子供たちの自主学習から生まれた授業は「金メダルが本物の金かどうかを見分けるためには？」や「宇宙空間でも磁石の力は働くの？」「ショート回路がだめならロング回路は？」などがありました。ロング回路の検証では、36名で輪になって、18mのアルミホイルを教室いっぱいに引き伸ばし、電子オルゴールをつなげて確かめました。探究活動は子供たちが本来もっている知的好奇心を刺激しますが、その先にある創造性はどうでしょうか。本校では「自然界のふしぎ」という特別授業の中で、バイオミメティクス（生物模倣技術）を紹介しました。そして、子供たちも、生き物たちの特殊な能力を模倣した暮らしに役立つ商品を考え、発表し合いました。今後の教育では、探究の先にある「個を尊重した創造性」の育成が急務です。そのためには学習内容の厳選やＶＲ活用など新たな次元での教育観の検討が必要でしょう。

科学的な視野から社会を捉える

ウェルビーイングの視点

　小学校理科で取り扱う情報の中でも、とりわけ子供たちが自ら解決の方法を発想し、観察、実験を行った結果得られたデータは、結論を導出していくためにとても大切なものです。このデータの質や量を高めていくことは、そのまま小学校理科の学習の充実につながります。そのためには、理科の問題解決の根底にある「科学的」とはどういうことかを子供たちが考えながら学習を進めていくことが重要です。

　このような学習を通して、子供たちがより科学的に物事を捉えられるようになり、情報が氾濫した予測困難な社会においても、情報を科学的に捉え、確かな根拠に基づいた意思決定を積み重ねることで、「認知的」「身体的」ウェルビーイングの向上が期待できます。

○単元の概要（全9時）

　第5学年「電流がつくる磁力」の学習では、主に電磁石を取り扱います。初めは電磁石に必要なコイルを作ることから始まり、その後、電磁石に極があることや、電流の流れと極の関係といった電磁石のもつ性質、そして、電磁石の磁力が強くなるための条件について実験し、明らかにしていきます。

　学習を通じて、子供たちは見いだした問題やその予想を確かめていくための解決の方法を子供たち自身で発想していきます。その際、教師にとって大切なことは、子供たちは、自分たちが発想する解決の方法について、子供たちなりに「科学的」に考えているという前提に立つことです。

　子供たちなりの「科学的」への考えを引き出し、共有したり発展させたりしていくことで、子供たちが「科学的」とはどういうことかを考えられるようになります。

○ 本時のポイント

本時では、電磁石の磁力とコイルの巻数との関係について調べていきます。この授業では、子供たちが予想し、解決の方法を発想する際に、「科学的」という言葉への子供たちなりの捉えを教師が引き出すことがポイントです。多くの場合、子供たちは、実験を「正確にしたい」「ちゃんとしたい」と考えています。この「正確」や「ちゃんと」といった漠然とした言葉で終わるのではなく、そこから子供たちの具体的なアイディアを引き出しましょう。多くの場合、子供たちは、「条件を揃えて実験したい」「1回じゃなくて、何回も実験したほうがよい」といった考えがあるはずです。そのような考えを引き出し、共有することで、子供たちの科学観が醸成されます。

そして、授業後には、「科学的」とはどういうことかを考えることにつながるような振り返りをすることもポイントです。こうした振り返りにより、授業が単なる自然科学における諸法則や理論を獲得するだけでなく、科学そのものについて考える機会になっていきます。

○ 対話のポイント

本時における対話のポイントは、まずは子供たちから、実験を「正確にしたい」「ちゃんとしたい」といった思いを引き出すことです。そのためには、例えば、教師が条件制御を無視した実験計画を提示したり、「今日の実験は1回だけだよ」という声かけをしたりといった「科学的」ではない姿をあえて示します。そして、「じゃあ、この実験で、『正確に（ちゃんと）』実験するって、どうすればいいのかな？」と問います。子供たちからは「揃えるところはしっかり揃える」「1回じゃなくて、何回もやった方がよい」といった考えが出てくるでしょう。

また、科学について考えさせるための振り返りにつなげていくためには、実験の始まりのときに、教師が「よいデータをとってください」と声をかけ、子供たちに実験を始めさせることがポイントです。このような声かけを行った後に、振り返りで、「（科学的に）よいデータをとるときに、大切なことは何ですか？」といった視点で振り返ることができます。

本時の展開

展開① 実験の計画

子供たちから引き出す思いや考え

展開② 実験

クリップの付け方を工夫しながら実験する子供

予想をした後、実験の計画を立てた際に、子供たちには「電磁石でクリップを付ける際には、1回だけするように」という「科学的」ではない指示を出しました。すると、子供からは、「1回よりもたくさんしたいです」「もっとやった方がいい」といった意見が出ました。そのような言葉に対して、教師が「どうしてそう考えるのかな？」と問いかけることで、子供たちの「科学的」の捉えを引き出しました。

実験の前には、「今から実験をします。ぜひよいデータをとってください」と声をかけて始めました。子供たちは、実際に測定をする際に、写真のようにクリップを1個ずつぶら下げるように慎重に付けていったり、何回も測定した結果の平均値を出したりといったことを自ら行っていました。このような姿に対し、教師は「そうやって実験すると、正確にできていそうだね」「これだけやれば説得力があるなぁ」といった言葉で価値付けをしていきました。

- -

●子供の姿から見えてくるウェルビーイングの可能性

このような実践を通して子供たちは、観察や実験において、多くのデータに基づいて判断していくことの重要性を学ぶことができます。そして、このような実践を積み上げていくことで、「科学的」について、自分なりの考えをもつようになります。そのような姿から、子供たちにとって、科学が身近なものとなり、自分の意思決定に欠かすことのできないツールになることが期待されます。

科学が子供たちの意思決定のツールとなっていくことで、普段の生活においても、単一の情報によってのみ判断するのではなく、複数の情報を参照したり、情報の発信元を吟味したりしながら確かな根拠に基づいたよりよい判断を積み重ねることで、自己有能感や自己肯定感を感じることができ、ひいては自身の「幸せ」を感じることで、ウェルビーイングの実現につながることが期待されます。

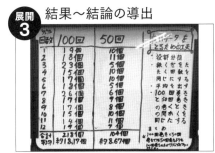

展開**3** 結果～結論の導出

たくさんのデータをとりながら実験した結果の記録

展開**4** 振り返り

「よいデータ」って？

視点をもたせた振り返り

　実験の結果を記録したら、そのデータと問題や予想を突き合わせて、結論を導きだしました。子供たちは、自分たちが出したデータに基づき、より妥当だと考えられる結論を導きだしていきました。

　また、授業では、結果の記録と合わせて、「よいデータをとるための工夫」についても、記録するように指示をしました。このような手立てにより得られた子供たちの考えは、この後の振り返りで科学的とはどういうことかを考えるための材料になりました。

　授業の最後には、「あなたにとって、よいデータとは？」という視点で振り返りを行いました。子供たちからは、
- ●何回もはかったデータ
- ●いろいろな人のコイルで実験をして、より正確にとったデータ
- ●揃える条件はしっかり揃え、変える条件はしっかり変えたデータ

という意見がありました。これらを共有し、「科学的」なデータの在り方について、自分の意見をもつことができました。

COLUMN ☞ 科学の限界

　本項では、子供たちが「科学的」とはどういうことかを考えることができる実践を紹介してきました。これらの活動を充実したものにするためには、「もっと〇〇したい！」「先生、それじゃだめだよ！」といったように、子供たちがある程度自由に発言できるような学級の土壌が必要です。

　また、科学が万能ではないとされているからこそ、ウェルビーイングの実現のためには、そのような土壌とあわせて、子供たちには、科学でできること・できないことといった、科学の限界についても考えられるようになってほしいです。

　例えば、理科で飼育していた生き物が死んでしまったとき、子供たちの感情に寄り添った声かけをするだけでなく、「死んでしまった生き物は科学の力では生き返らせることはできないからこそ、命を大切にしようね」といった言葉かけが考えられます。

(2)
科学と倫理の問題を学ぶ

ウェルビーイングの視点

　小学校理科に関わる多くの教育者は、科学を学ぶことが将来のウェルビーイングにつながると考えています。これは科学を学ぶことで、科学が関わる様々な事象や社会問題を理解することができ、心身の健康と幸福につながると考えられるためです。しかしながら、科学が関わる実際の社会問題は極めて複雑であり、多くの場合、科学だけでなく倫理の問題を含んでいます。そのため、科学技術をどのように活用するべきかという問いに答えるには、科学だけでなく倫理に関する議論が必要です。以上を踏まえれば、理科教育において科学だけでなく倫理を学ぶことは科学が関わる問題を理解する上で重要であり、その学びは将来的なウェルビーイングに貢献すると考えられます。

○単元の概要（全8時）

　第5学年「植物の発芽」の単元は、これまで植物を育てた経験や、植物を大きく育てたいという願いをもとに、植物の発芽という現象に興味をもつことから始まります。そして「植物の発芽には何が必要なのだろうか」という問題を見いだし、実験を通して植物の発芽に関わる要因を検討していきます。子供はこれまでに、生活科ではアサガオやトマト、理科では第3学年でホウセンカ、第4学年でツルレイシなどを育てた経験をもっているため、発芽に必要なものの予想として、［水、空気、温度、肥料、日光、愛情……］といった様々な意見が出てきます。これらの要因について、条件を制御した実験を行った結果、発芽に必要な条件として「水」「適当な温度」「空気」の3条件が支持されます。

　活用問題では、毎年多くの植物が絶滅していることを問題提起した上で、「種子を発芽させずに保存しておくにはどうしたらよいだろうか」を考えます。その際、具体的なアイデアだけでなく、それを実施する上でどのような倫理的問題が生じうるかを考えます。

○本時のポイント

- -

　ここでは、植物の発芽に関する一連の学習を終えた後の活用問題の時間を本時として設定し、そのポイントを2つ示します。

①学習の真正性

　毎年多くの植物が絶滅しているという現実世界の問題から、発芽をさせない工夫を考えることで、発芽に関する知識を実際の社会問題と結び付け、より深い理解へと至ることが期待できます。種子を保存する工夫を考える際には、多様な教科の学びを活用することも重要です。例えば、種子を保存する機関である種子銀行（コラム参照）の多くは非紛争地帯に設置されています。

②倫理的な問題

　種子を保存するアイデアが出た際、それを実施する上でどのような倫理的問題が生じうるかを議論することが重要です。倫理という言葉自体は小学生にとって難しいですが、それを実施することに反対が出る可能性はあるかといった発問を通して、倫理の問題を考えるきっかけを生むことができます。

○対話のポイント

- -

　学習した内容を活用して種子を発芽させずに保存しておく方法を考えた場合、多くの子供は発芽の3条件が揃わないよう工夫すればよいことに気が付きます。例えば、絶滅危惧植物の種子を集めてきて、巨大な冷凍庫で保管しておくことを思いつくかもしれません。しかしながら、このような方法を実行に移す際、様々な倫理的な問題が生じます。一例をあげれば、絶滅の危機に瀕した植物の種子を採取することは絶滅のリスクを高めるのではないかという懸念や、巨大な保管施設を作る際の周辺環境への影響、先進国が一方的に生物資源を搾取する行為（cf. バイオパイラシー）の正当性など、多様な倫理的問題が隠れています。もちろん、これらの例は小学生にとって難しい内容を含みます。ここで大事なのは、思いついたアイデアに隠れている潜在的な問題について対話を通して検討することです。教師は、「そのアイデアに反対する人はいないかな？」「どんな危険性があるかな？」「誰が得する／損するのかな？」といった発問を通して、倫理の問題を考える対話を促すことができます。

本時の展開

展開1 問題の提示

種子保存に関する導入の例

展開2 解決方法の立案

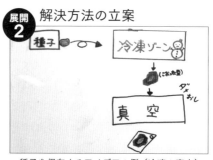

種子を保存するアイデアの例（冷凍＋真空）

毎年多くの植物が絶滅していることを具体例とともに紹介した上で、生物多様性条約の概略を説明します。そして、「種子を発芽させずに保存しておくにはどうしたらよいだろうか」という問題を投げかけます。

その際、古代の遺跡から発見された2000年前の種子を発芽させることに成功した研究例を紹介し、工夫次第で種子を長期保存できる可能性があることを確認します。

種子を長期保存する具体的な方法を班ごとに検討し、ホワイトボードで表現します。その際、理科だけでなく多様な教科の学びを活用してもよいことを伝えておきます。

上図の例では、種子を冷凍して真空パックすることで、発芽の3条件が揃わないように工夫しています。また、班によっては、地図帳を利用して施設の設置場所を検討していました。

- -

●子供の姿から見えてくるウェルビーイングの可能性

科学が身近にあふれた時代にあって、子供たちの多くは科学の力で社会全体の幸せ（ウェルビーイング）を高められると素朴に信じています。しかしながら、科学を社会で応用しようとする際には、倫理のような科学以外の問題が高い頻度で登場します。

このような問題意識から、本項で提案した実践では、子供たちが科学的知識を応用して社会問題の解決策を検討する活動の中で、科学以外の問題が存在することに気付くということを目指しました。科学と倫理の問題を学ぶことは、科学が関わる社会問題を理解することや、個人のウェルビーイングに貢献するのではないでしょうか。なぜなら、様々な立場からアイデアの潜在的問題を検討する対話は、様々な幸せの可能性を検討することにほかならないからです。

<table>
<tr><td>

展開 3 対話を通した検討

様々な立場からアイデアの潜在的問題を
検討する様子

　アイデアを実行に移す上で、生じうる
問題について話し合います。その際、班
の中で［科学者、市民、政治家、企業］
といったステークホルダーの役を割り当
てることで、そのアイデアに隠れている
潜在的な問題について検討します。

　上図の対話では、種子の保存を進めた
い科学者役に対して、外国から種子を持
ち込む危険性を危惧する市民役と、自国
で施設を独占したい企業役や国家役が意
見を述べています。

</td><td>

展開 4 実際の取り組みを知る

スヴァールバル世界種子貯蔵庫（Photo by Cierra Martin for
Crop Trust, CC BY-SA 2.0 ウィキメディア・コモンズ経由）

　各班のアイデアや議論の結果を共有し
た後、実際の科学者がどのような取り組
みを行っているかを紹介します。上図は、
ノルウェーにあるスヴァールバル世界種
子貯蔵庫です（コラム参照）。永久凍土
層に築いた地下貯蔵庫で 100 万種以上
の種子が保存されています。実際の科学
者が本単元で学習した内容に基づく工夫
を多く取り入れている点や、このような
プロジェクトでは科学以外の様々な問題
が発生しうる点を紹介します。

</td></tr>
</table>

COLUMN ➡ 種子銀行

　種子銀行とは、植物の種子を保存する施設のことであり、遺伝的多様性の維
持を目指しています。種子銀行は日本を含む世界中に設置されていますが、代
表的なものの一つにノルウェーのスヴァールバル世界種子貯蔵庫があります。
永久凍土層に築いた地下貯蔵庫で、100 万種以上の種子がマイナス 18 〜
20℃の環境で保存されています。また、施設は海抜 120 mの位置に設置され
ており、地球温暖化に伴う海水面の上昇にも対応できる設計となっています。

　種子銀行の取り組みは、生物多様性を守るための生息域外保全の活動とし
て高く評価されています。その一方で、種子銀行に世界各地の植物の種子を多
量に蓄積することは生物資源の略奪（バイオパイラシー）に当たるとして批判
されることもあります。

おわりに --

2022年12月28日、日本初等理科教育研究会の冬季拡大勉強会が行われました。今年もコロナ禍での開催となりましたが、3年ぶりに全国から15名の支部代表が筑波大学附属小学校に集い、「問題を見いだす力を育てる理科授業」について考える機会をもつことができました。

会場で支部代表による提案やそれをつくり上げる過程を肌で感じようとする先生方、オンラインでその様子を見守る先生方に向け、支部代表は「問題を見いだす力を育てる授業はどうあるべきか」を模擬授業の形で提案しました。

一人一人の先生が子供たちの学びを充実させようと問題意識をもって臨み、子供たちが自分ごとの問題解決を行えるようにするための教師の働きかけに焦点を絞って熟議しました。理科授業での子供たちの自己実現について話し合う先生方一人一人にとっても、それは自己実現の場となり、また、共によりよいものをつくり上げることを通して個人のウェルビーイングや集団のウェルビーイングが実現された場となりました。

前日の夕方に初めて顔を合わせた先生方はグループをつくり、思いを一つにしながらよりよい授業をつくろうと、「未知なる環境の中を自力で歩みを進め、意味のある、また責任意識を伴う方法で、進むべき方向を見いだす」ことに取り組みました。まさに、OECDの掲げる「ラーニング・コンパス2030」そのものであったように思います。

子供たちにとって、授業は未知を既知にしていく過程であることは言うまでもありませんが、小学校における理科授業は、目の当たりにした事物現象から未知なる問題が生まれ、その問題を解決しようと既習事項を駆使したり、教師の支援を受けたりしながら自力で結論を導きだします。その暫定的な結論は未知を残した既知となります。

このように、子供が科学的な手続きを通して実験や観察結果を結び付けながら結論を導きだす理科は、生徒エージェンシーを育みやすい教科の一つです。さらに科学的な手続きには、客観性や再現性、実証性が重視されます。一人ではなく協働的に問題解決が行われるとき、結論はより確かで納得のできるものとなります。まさに共同エージェンシーが発揮されやすい場と言えます。このような授業を実現するためには、先生ではなくモノ（事物現象）が物を言わなくてはなりません。進むべき方向を見いだすのは先生ではなく、子供たちだか

らです。教師が熟達者でありながらも、学んでいる子供たちの脇に立ち、伴走をしながら行う支援。時には学び方のアイデアを、時には新たな事象を提供。この教師の姿も理科では当たり前ではありますが、教師エージェンシーが発揮されたものです。

　持続可能でよりよい世界を目指す国際目標であるSDGsのように、すぐには答えを導きだせないような大きな目標に対しても、小学校理科で育まれたエージェンシーは、必ずや役に立つことでしょう。だからこそ、小学校理科が先陣をきらなければならないという思いから、「小学校理科×ウェルビーイング＝無限大」であることを伝えるために、日本初等理科教育研究会の仲間たちとともに本書を出版することになりました。本書がきっかけとなり、さらによりよい「ウェルビーイング」を目指して議論が生まれ、子供たちの明日がもっと幸せになっていくことを願ってやみません。

　最後になりましたが、「ウェルビーイングを理科で実現し、よりよい未来をつくる子どもの育成に資する本をつくりたい」という雲をもつかむような話を実現させようと、私たちの一歩一歩の後押しを継続してくださった、東洋館出版社の上野様、高木様、本当にありがとうございました。

　この本が世に出ることはゴールではなく、スタートです。読者の皆様とともに、よりよい明日をつくろうとする子供たちを育てたいと思っております。賛同してくださる皆様は、ぜひ日本初等理科教育研究会の扉をノックしてください。私たちはいつでもお待ちしております。

　2023年3月

日本初等理科教育研究会庶務
筑波大学附属小学校教諭　　　　辻　健

編者紹介 ※所属は令和 5 年 3 月現在

塚田昭一（つかだ・しょういち）

日本初等理科教育研究会理事長

十文字学園女子大学教育人文学部　教授

1965 年新潟県生まれ。埼玉県新座市教育委員会指導主事、副課長、埼玉県新座市立東北小学校教頭、国立教育政策研究所学力調査官（小学校理科）、埼玉県教育局市町村支援部義務教育指導課主任指導主事、埼玉県新座市立野寺小学校長、埼玉県教育局南部教育事務所主席指導主事を経て、現職。

小学校学習指導要領解説理科編作成協力者（平成 20 年及び平成 29 年）

中央教育審議会初等中等教育分科会教育課程部会理科ワーキンググループ委員

主な著書に『板書で見る 全単元・全時間の授業のすべて 理科 4 年』（編著、東洋館出版社、2020）『小学校新学習指導要領ポイント総整理 理科』（編著、東洋館出版社、2017）などがある。

- -

舘　英樹（たち・ひでしげ）

日本初等理科教育研究会編集部長

北海道幕別町立途別小学校　校長

1969 年石川県生まれ。北海道教育大学にて学位と修士を取得。公立小学校に 16 年間勤務した後、北海道教育庁留萌教育局指導主事、北海道教育庁十勝教育局指導主事、幕別町立途別小学校教頭などを経て、現職。

主な著書に『アクティブ・ラーニングの授業展開　小学校理科』（分担執筆、東洋館出版社、2016）『小学校理科 板書で見る 全単元・全時間の授業のすべて 6年』（分担執筆、東洋館出版社、2011）などがある。

- -

辻　健（つじ・たけし）

日本初等理科教育研究会庶務

筑波大学附属小学校理科教育研究部　教諭

1973 年福岡県生まれ。横浜国立大学教育学部にて学位と修士を取得。横浜市の小学校に勤務した 17 年間、一貫して理科授業の研究に取り組み、井土ヶ谷小学校では研究主任を務めた。2015 年より現職。日本理科教育学会『理科の教育』編集委員、NHK「ふしぎエンドレス」「ツクランカー」番組制作委員を務める。

主な著書は『小学校 見方・考え方を働かせる問題解決の理科授業』（共著、明治図書、2021）『理科は教材研究がすべて』（共著、東洋館出版社、2021）『イラスト図解ですっきりわかる理科 授業づくり編』（共著、東洋館出版社、2022）などがある。

執筆者一覧 ※執筆順、所属は令和5年3月現在

日本初等理科教育研究会

・塚田昭一	前掲 …………………………………………… 第1章1
・鳴川哲也	福島大学人間発達文化学類 ……………… 第1章2
・山中謙司	北海道教育大学旭川校 …………………… 第1章3
・寺本貴啓	國學院大學人間開発学部 ………………… 第2章1（1）
・比樂憲一	大阪府堺市立英彰小学校 ………………… 第2章1（2）
・森戸　幹	山口県周南市立富田西小学校 …………… 第2章1（3）
・辻　健	前掲 …………………………………………… 第2章2（1）
・水野安伸	神奈川県横浜市立都田西小学校 ………… 第2章2（2）
・木藤　葵	東京都稲城市立平尾小学校 ……………… 第2章2（3）
・松山明道	熊本県人吉市立第一中学校 ……………… 第2章3（1）
・澤村慎一	栃木県真岡市教育委員会 ………………… 第2章3（2）
・渡辺浩幸	千葉県千葉市立椎名小学校 ……………… 第2章3（3）
・舘　英樹	前掲 …………………………………………… 第2章4（1）
・北條　諭	栃木県立宇都宮東高等学校附属中学校 … 第2章4（2）
・森田和良	文京学院大学人間学部 …………………… 第2章4（3）
・佐々木昭弘	筑波大学附属小学校 ……………………… 第3章1（1）
・富田瑞枝	筑波大学附属小学校 ……………………… 第3章1（2）
・佐藤真太郎	京都ノートルダム女子大学現代人間学部 ………… 第3章1（3）
・古卿　聡	埼玉県草加市教育委員会 ………………… 第3章1（4）
・鷲見辰美	筑波大学附属小学校 ……………………… 第3章2（1）
・鈴木　圭	埼玉県戸田市立喜沢小学校 ……………… 第3章2（2）
・坂元美緒	早稲田実業学校初等部 …………………… 第3章2（3）
・志田正訓	筑波大学附属小学校 ……………………… 第3章3（1）
・中村大輝	広島大学教育学部 ………………………… 第3章3（2）

理科でつくるウェルビーイング
幸福で充実した人生を送るための学び

2023(令和5)年3月31日 初版第1刷発行

編著者	塚田昭一・舘 英樹・辻　健
著　者	日本初等理科教育研究会
発行者	錦織圭之介
発行所	株式会社東洋館出版社

〒101-0054　東京都千代田区神田錦町2-9-1
コンフォール安田ビル2階
代　表　TEL：03-6778-4343　FAX：03-5281-8091
営業部　TEL：03-6778-7278　FAX：03-5281-8092
振替　00180-7-96823
URL　https://www.toyokan.co.jp

[装丁・本文デザイン] 中濱健治
[印刷・製本] 藤原印刷株式会社

ISBN978-4-491-05118-5　　Printed in Japan